Sabine und
Wolfram Schwieder

Astrid Lindgrens Schweden

» Eine Kindheit ohne Bücher wäre keine Kindheit. Es wäre, als ob man aus dem verzauberten Land ausgesperrt wäre, aus dem man sich die seltsamste aller Freuden holen könnte. «

Astrid Lindgren (1907–2002)

Impressum

Sabine und Wolfram Schwieder
Reise Know-How Astrid Lindgrens Schweden
Von Bullerbü zur Villa Kunterbunt

erschienen im
Reise Know-How Verlag Peter Rump GmbH,
Osnabrücker Str. 79, 33649 Bielefeld

7., neu bearbeitete und aktualisierte Auflage 2023

ISBN 978-3-8317-3702-4

Gestaltung und Bearbeitung
Umschlag: Peter Rump, der Verlag
Inhalt: G. Pawlak, Wayan Rump, der Verlag
Fotonachweis: die Autoren (sc, ws), Astrid Lindgren Aktiebolag (ab); Familie Stockinger (fs); Junibacken, Stockholm (ju); ALV Mediearkiv, Simon Palerbro (sp); Vimmerby Bildarkiv (vb), Aquarelle Leif Ruhnström (lr); Vimmerby Turistbyrå (tu)
Kartografie: Thomas Buri, B. Spachmüller
Lektorat: der Verlag

Druck und Bindung
Mediaprint Solutions GmbH, Paderborn

Bibliografische Information der Deutschen Nationalbibliothek
Die Deutsche Nationalbibliothek verzeichnet diese Publikation in der Deutschen Nationalbibliografie; detaillierte bibliografische Daten sind im Internet über http://dnb.dnb.de abrufbar.

Anzeigenvertrieb
KV Kommunalverlag GmbH & Co. KG,
Alte Landstraße 23, 85521 Ottobrunn,
Tel. 089-928096-0, info@kommunal-verlag.de

Reise Know-How-Bücher finden Sie in allen gut sortierten Buchhandlungen. Falls nicht, kann Ihre Buchhandlung unsere Bücher hier bestellen:
D: Prolit, prolit.de und alle Barsortimente
A: Freytag-Berndt und Artaria KG, freytagberndt.com
CH: AVA Verlagsauslieferung AG, ava.ch
B, LUX, NL: Willems Adventure, willemsadventure.nl
oder direkt über den Verlag: **www.reise-know-how.de**

Bildlegende Umschlag und Vorspann
Titelfoto: Der Mittelhof in Sevedstorp („Bullerbü") südwestlich von Vimmerby (ws)
Vordere Umschlagklappe:
Blick auf Junibacken in Stockholm (ws),
kleines Foto: Pippi Langstrumpf in Junibacken (ws)
S. 1: Vorlesen mitten in der schwedischen Natur (ws)
S. 2/3: Sevedstorp (ws)

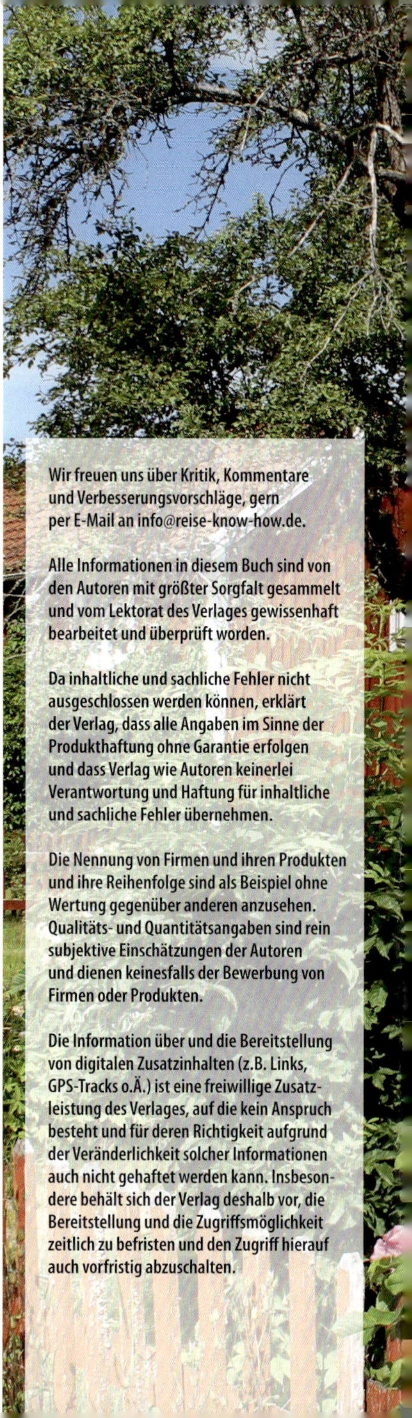

Sabine und Wolfram Schwieder

ASTRID LINDGRENS SCHWEDEN

Von Bullerbü zur Villa Kunterbunt

Einführung

Zu den eifrigsten Astrid-Lindgren-Lesern weltweit gehören vor allem Kinder aus Deutschland. Nirgendwo sonst außerhalb von Schweden sind ihre Bücher so viele Male verkauft und aufgelegt worden, und Astrid Lindgren bekam jeden Tag mindestens einen Brief von einem deutschen Kind oder aber von einem Erwachsenen, der ihre Bücher gelesen hat. Viele haben ihr geschrieben, wie wichtig ihre Bücher für sie waren, aber viele haben sich auch in die Schauplätze in Schweden verliebt, von denen ihre Bücher erzählen. Einige Kinder wollten sogar am liebsten ganz nach Bullerbü oder Saltkrokan ziehen.

001bu ws

Aber so einfach ist es nicht, die Schauplätze aus den Büchern (heute) genau so in der Wirklichkeit vorzufinden. Trotzdem war meine Mutter natürlich eine Schriftstellerin, die genau wusste, welche Straße in Vimmerby sie vor sich sah, als sie eine Straße in „Kalle Blomquist – Meisterdetektiv" beschrieb, oder welcher See es war, auf dem Thomas und Annika ruderten, als sie Schiffbruch spielten, und in welchem Park in Stockholm „Mio, mein Mio" auf seiner Bank saß und einen goldenen Apfel bekam. Diejenigen also, die neugierig darauf sind, wie es an den Orten wirklich aussieht, die Astrid Lindgren zu ihren Büchern inspirierten, können sich mit diesem Reiseführer nun in Schweden auf die Suche machen!

Die Filmschauplätze gibt es natürlich alle auch in Wirklichkeit. Und das Haus in Vimmerby, in dem Astrid Lindgren geboren wurde, gibt es ja immer noch, ebenso das Haus in Stockholm, in dem sie mehr als sechzig Jahre lang wohnte.

Die Autoren dieses Reiseführers haben einen einzigartigen Einsatz gezeigt. Ich kann mich nicht an irgendeinen sehenswerten Ort erinnern, den sie nicht genannt und den Weg dorthin beschrieben haben. Sie sind außerdem sehr bedacht vorgegangen, sodass wir aus Astrid Lindgrens Familie alles, was in diesem Buch steht, gutheißen und voll und ganz unterstreichen können.

Karin Nyman
Tochter von Astrid Lindgren

In „Astrid Lindgrens Welt" kann jede mal so stark sein wie Pippi

Vorwort

„Wo ist Bullerbü? Kann man da hinfahren?", so wurde Astrid Lindgren oft von ihren jungen Lesern gefragt. Natürlich ist Bullerbü kein realer Ort, sondern ihrer Fantasie entsprungen. In diesen Kinder-Geschichten wurde eine Idylle beschrieben, die es so nicht gegeben hat, nicht hat geben können. Das Paradies entsteht erst in der Vorstellung derjenigen, die ihre Bücher lesen und lieben.

Aus diesem Grund gibt es auf die oft gestellte Frage „Wo ist Bullerbü?" zunächst eine einfache Antwort: Wer diesen Ort besuchen möchte, der sollte das Buch lesen, der sollte den Alltag mit Lisa und ihren Freunden teilen und sich an Ilon Wiklands Illustrationen erfreuen. Wer Michels Katthult kennenlernen will, der muss nur einen Blick in die drei Bände oder die Bilderbücher werfen und genüsslich die Bilder betrachten, die Björn Berg so wunderbar gestaltet hat. Um die Orte in Astrid Lindgrens Geschichten zu erleben, reichen zunächst einmal der eigene Bücherschrank oder eine Bibliothek.

Und doch: In ganz Småland, in Stockholm und andernorts in Schweden wird man als Reisender wieder und wieder an die einzigartige Kinderbuchautorin erinnert. Da gibt es Höfe, die mit ihrer im „Entschwundenen Land" beschriebenen Familiengeschichte zu tun haben. Es gibt Orte, die in den Büchern vorkommen oder als Vorbild dienten. Es gibt Schauplätze, an denen die Filme gedreht wurden. In erster Linie aber erinnert die Natur mit ihren großen Felsblöcken und den typisch schwedischen Weiden, den „svenska hagar", an das Paradies, das sie uns schreibend hinterlassen hat. Wer bekommt da nicht Lust, Astrid Lindgrens Spuren zu folgen?

Wer aber allein oder mit Kindern sozusagen auf Bildungsreise gehen will, sollte Astrid Lindgrens Werk kennen, um wirklich etwas davon zu haben. Eltern werden vielleicht erstaunt feststellen, dass ihre Kinder viel, sehr viel von dieser Autorin wissen und dass es Spaß machen kann, gemeinsam mit ihnen zu fachsimpeln. Wir haben das bei einer sehr gelungenen Ausstellung in Osnabrück erlebt, als deren Leiter einen Nachmittag zu Leben und Werk von Astrid Lindgren anbot. Auf die Frage „Wer weiß, wie Pippi Langstrumpf entstanden ist?" meldete sich sogleich eine Achtjährige und erzählte sachkundig, wie es dazu kam: „Da war Astrid Lindgrens Tochter Karin, und die war krank und hat gesagt: ‚Erzähl mir eine Geschichte. Erzähl von Pippi Langstrumpf!'" Ganz genau wusste sie, was sich Mitte des vorigen Jahrhunderts abgespielt hat, und sie erzählte es, als sei es gestern gewesen.

Es ist eine Binsenweisheit, dass es kaum eine Kinderbuchautorin gibt, die in Deutschland so bekannt und so beliebt ist wie Astrid Lindgren. Zahlreiche Schulen sind nach ihr benannt, weitaus mehr als in Schweden selbst. Ihre Bücher findet man in fast allen Kinderzimmern. Es gibt aber auch kaum eine Kinderbuchautorin, deren persönliches Erleben so detailliert in ihr Werk eingeflossen ist, und so macht es besondere Freude, ihre Bücher vor dem Hintergrund ihrer Biografie zu betrachten.

Dass aber auch die kleinen Leser Interesse daran haben, etwas über das Leben einer Schriftstellerin zu erfahren,

162bu ws

das ist eher außergewöhnlich. Speziell in Deutschland gibt es eine eingeschworene Gemeinde von Astrid-Lindgren-Fans. Und so machen sich alljährlich zahlreiche Familien auf den Weg, um in Schweden nach den Schauplätzen der Lindgren'schen Bücher zu suchen. Dann stehen sie freudig erregt vor den Bullerbü-Häusern in Sevedstorp, betrachten gerührt das Elternhaus in Näs oder tummeln sich begeistert einen Tag lang in „Astrid Lindgrens Welt", diesem wirklich gelungenen Freizeitpark in Vimmerby.

Für all diejenigen, die auf den Spuren von Astrid Lindgren reisen wollen, haben wir Informationen über die Schauplätze und einige der Filmdrehorte zusammengetragen. Nicht überall kann man die Häuser besichtigen, oft hat die Autorin die Erinnerung an mehrere Orte zu einem einzigen, neu erfundenen zusammengetragen. Kritische Geister mögen eine leichte Enttäuschung empfinden und sich an der Vermarktung der Buchfiguren stören, die allerdings bislang recht dezent gehandhabt wird. Wer aber offenen Auges durch Schweden reist, der wird immer wieder Namen und Orte entdecken, die ihm bekannt vorkommen, weil er sie als Kind oder als vorlesender Erwachsener so gut kennengelernt hat. Mit Sicherheit wird er die Natur, die Astrid Lindgren so wichtig war, mit den Augen der Autorin neu entdecken können.

Wer allerdings ihre Bücher nicht kennt, dem werden auch die Schauplätze nicht allzu viel bieten. Die besondere Atmosphäre ihrer Werke liegt nicht nur in der Beschreibung von Land und Zeit, sondern ist geprägt von ihrer Sprache und ihrer einzigartigen Fähigkeit, erlebte und erfundene Geschichten zu erzählen.

Sabine und Wolfram Schwieder

Hinweise zur Benutzung

Der vorliegende Reiseführer folgt literarischen Spuren und erhebt somit keinen Anspruch auf Vollständigkeit. Wir wollten Familien, die nach Schweden reisen, einen Überblick über all die Orte verschaffen, die mit Astrid Lindgren verknüpft sind. Für eine umfassende Reisevorbereitung kann dieses Buch aber keinen Reiseführer im klassischen Sinn ersetzen. Dennoch haben wir jedes Kapitel um praktische Hinweise ergänzt, in denen auf örtliche Touristinformationen (Turistbyrå) und Internetseiten hingewiesen wird.

Für die vorliegende Ausgabe wurden alle Veränderungen aufgenommen, die sich bis zum Herbst 2022 ergeben haben. Für weitere Hinweise unserer Leser an den Reise Know-How Verlag sind wir – auch im Namen der Reisenden, die auf genaue Angaben angewiesen sind – dankbar.

Fast alle Fotos sind während unserer Reisen entstanden. Etliche von ihnen zeigen Schauspieler, die im Freizeitpark „Astrid Lindgrens Welt" in Vimmerby Szenen der Bücher nachstellen und die jungen Besucher so mit den Figuren der Autorin vertraut machen.

Gelegentliche Hinweise zu Übernachtungsmöglichkeiten sind ausgewählte Beispiele, die manchmal in Zusammenhang mit den Büchern Astrid Lindgrens stehen. Wir haben dabei vergleichsweise günstige Unterkünfte ausgewählt, die für Familien geeignet sind und die wir selbst kennen.

Darüber hinaus gibt es in Schweden zahllose Campingplätze, die auch Übernachtungen in Hütten anbieten. Es gibt „Wandererheime" (Vandrarhem), die unseren Jugendherbergen entsprechen und sehr unterschiedliche Standards bieten. Hier muss man nicht zwingend Mitglied sein; und es gibt auch Zimmer für zwei Personen oder für Familien. Angeboten werden sie unter anderem von zwei Organisationen: Sveriges Vandrarhem i Förening (SVIF), www.svif.se, und Svenska turistföreningen (STF), www.svenskaturistforeningen.se. Letztere ist Mitglied der Internationalen Jugendherbergsvereinigung.

Schließlich gibt es noch Pensionen, Privatzimmer und Hotels. Als Information über Schweden und hilfreich bei der Suche nach Unterkünften (mit Buchungs- und Kontaktadressen) ist www.visitsweden.com, die offizielle Homepage des Schwedischen Fremdenverkehrsamtes. Wir haben die besten Erfahrungen damit gemacht, Unterkünfte über die Internetseiten der jeweiligen Orte zu suchen.

Ferienhäuser für einen längeren Aufenthalt kann man über deutsche Kataloganbieter oder – oft günstiger – über das Internet buchen. Wie sagte doch der alte Söderman in „Ferien auf Saltkrokan"? *„Entweder mag man es, wenn's durchs Dach regnet, oder man mag es nicht."*

◁ Lindgren-Skulptur auf dem Gelände der Svensk Filmindustri in Solna bei Stockholm

Inhalt

13 Besuch in der Villa Kunterbunt

14 Anhang

B300bu ws

Solange die Schauspieler keine Vorstellung geben, ist Michels Katthult in Astrid Lindgrens Welt ein einziger großer Spielplatz

Karten

1 Die **farbigen Nummern** in den „Praktischen Tipps" der Ortsbeschreibungen verweisen auf den jeweiligen Karteneintrag

GPS-Tracks

GPS Für einige der im Buch vorgestellten Touren stehen auf www.reise-know-how.de **GPS-Tracks** im Format gpx zum kostenlosen Download bereit. Sie finden die Daten auf der Produktseite dieses Titels.

301bu ws

1

Kindheit im „Entschwundenen Land“

Das Geburtshaus und die Themengärten in Näs bei Vimmerby

» Wo kommen nur all diese Ideen her? In erster Linie aus einem kleinen Ort in Småland, in dem Astrid Lindgren aufgewachsen ist. Hier hat sie, die Tochter einer Bauernfamilie, ihre blühende Fantasie ausleben dürfen. Rund um das „rote Haus“ in Näs kommt man der Schriftstellerin wohl am nächsten.

‹ Das Geburtshaus Astrid Lindgrens, das „rote Haus“ in Näs

Astrid Lindgren schreibt:

„‚So will ich denn zunächst mit einigen wenigen Strichen die auf dem Lande gelegene Pfarrei skizzieren, deren rot getünchtes Wohnhaus so friedlich unter den von freundlicher Hand rings um den Hof gepflanzten Kastanien, Ulmen und Linden lag, der auf drei Seiten von Obst- und Küchengärten umgeben war. Das Haus war niedrig und enthielt nur die drei Kammern sowie Wohnstube nebst Küche, die Pastoren dazumal zugebilligt wurden. Die Stuben waren niedrig und dunkel, aber Liebe und Friede weilten darinnen, und die frohen Gesichter vier glücklicher Kinder vermögen es gewiss, Sonnenschein in dunklere Kammern als diese zu bringen.'

Diese Schilderung stammt von einem, der lange vor Samuel August Anfang des 19. Jahrhunderts auf dem Pfarrhof Näs gelebt hat. Das Haus, von dem hier die Rede ist, wurde etwa ein Jahrhundert später die Pächterwohnung, und dorthin holte Samuel August von Sevedstorp, als die Zeit dafür gekommen war, Hanna in Hult – auf dass die frohen Gesichter vier glücklicher Kinder so nach und nach neuen Sonnenschein in das alte rot getünchte Wohnhaus brachten, in dem auch fortan Liebe und Friede weilten."

Aus der Erzählung „Samuel August von Sevedstorp und Hanna in Hult", erschienen in „Das entschwundene Land"

Astrid Lindgren war eine Schriftstellerin, die ihre Kraft aus einer außergewöhnlich glücklichen Kindheit schöpfte. *Geborgenheit* einerseits und *Freiheit* andererseits, das waren ihrer Meinung nach die Grundpfeiler ihrer Erziehung. Auf diesem Nährboden war Platz für intensive und fantasievolle Spiele, an die sie sich noch als Erwachsene gern erinnerte. Dies und die *småländische Natur,* die zum Spielen geradezu einlädt, machten ihre Kindheit so bemerkenswert. Dass wir Leser aber heute davon wissen und zehren können, das liegt an der besonderen Erzählweise und der klaren Sprache der Autorin, die viel von ihren Kindheitserlebnissen in ihre Bücher einfließen ließ. Bullerbü, Michel, Pippi, Madita, Saltkrokan: Die Liste der Bücher, in denen die Leser Astrid Lindgren selbst begegnen können, ist lang.

Am eindrucksvollsten aber hat Astrid Lindgren im **„Entschwundenen Land"** ihrer Kindheit gedacht. Hier hat sie ihre Eltern, Geschwister und ihre Umgebung so lebendig geschildert, dass man als Leser meint, alles selbst zu erleben. Die Sammlung mit Erzählungen und kurzen Aufsätzen beginnt mit der Geschichte ihrer Eltern, „Samuel August von Sevedstorp und Hanna in Hult", die in Schweden zur „Liebesgeschichte des Jahrtausends" gewählt wurde.

Samuel August war ein armer småländischer Bauernjunge, wie es im 19. Jahrhundert viele gab. Die meisten mussten sich als Knechte verdingen, doch der zielstrebige Samuel August brachte seinen Vater Samuel Eriksson dazu, den Pfarrhof von Näs bei Vimmerby zu pachten. Im Frühling 1895 zog die Familie in das rote Haus. Hier auf dem Hof sollte er sein ganzes Leben verbringen, zusammen mit Hanna, seiner „kleinen Inniggeliebten", und vier glücklichen Kindern.

Samuel August übernahm nach seinem Vater die Pächterstelle, und Hanna wurde zu einer besonders tüchtigen Bauersfrau: *„Sie kann Kühe melken und ein Pferdegespann lenken, sie kann weben und alles, was zum Schlachten gehört, sie kann Käse bereiten und spinnen und backen, und sie kann ohne Unterlass schaffen und das Gesinde anleiten, als hätte sie nie etwas anderes getan"*, schreibt Astrid Lindgren im „Entschwundenen Land".

In diesem sicheren Hort, mit Eltern, die sich ihre Liebe zeigten, wuchsen die vier Geschwister Gunnar, Astrid, Stina und Ingegerd auf. *„Es war schön, dort Kind zu sein, und schön, Kind von Samuel August und Hanna zu sein. Warum war es schön? Darüber habe ich oft nachgedacht, und ich glaube, ich weiß es. Zweierlei hatten wir, das unsere Kindheit zu dem gemacht hat, was sie gewesen ist – Geborgenheit und Freiheit. Wir fühlten uns geborgen bei diesen Eltern, die einander so zugetan waren und stets Zeit für uns hatten, wenn wir sie brauchten, uns im Übrigen aber frei und unbeschwert auf dem wunderbaren Spielplatz, den wir in dem Näs unserer Kindheit besaßen, herumtollen ließen."*

Die Freiheit war groß, geschimpft wurde wenig, aber es war selbstverständlich, dass man zu gehorchen hatte. Und es war selbstverständlich, dass auch die Kinder zur **Arbeit** herange-

☐ „Das rote Haus", Aquarell von Leif Ruhnström

zogen wurden, denn zu jener Zeit wurden in den Bauernfamilien alle Hände gebraucht. Auch dies kann man in den Bullerbü-Büchern oder in „Kerstin und ich“ nachlesen, in denen die Autorin der Arbeit geradezu ein Loblied singt. In ihren Erinnerungen schreibt Astrid Lindgren: *„So etwas vergisst man sein Leben lang nicht. ‚Reiß dich zusammen und mach weiter‘, wie oft habe ich mir das nicht selber gesagt, wenn ich mich vor einer tristen Arbeit drücken wollte, die fertig werden musste.“*

In dem anschließenden Essay „Das entschwundene Land“ wird das damalige **Bauernleben** mit all den Mägden und kinderlieben Knechten und mit den Häuslerfamilien der Umgebung wach. Alfred und Lina in „Michel“, Alva in „Madita“, Agda und Oskar in den Bullerbü-Büchern, sie alle haben lebende Vorbilder, zu denen die Ericsson-Kinder ein sehr enges Verhältnis hatten und die ganz selbstverständlich am Familienleben teilnahmen. Insbesondere der kinderliebe Pelle, ein Vetter des Vaters, der auf Näs lebte und besonders gut mit Pferden umgehen konnte, ist in den Michel-Büchern als Alfred verewigt.

Auch zwei alte, allein lebende Frauen gab es im Umkreis: Ida in Liljerum und Mari in Vendladal. Wer denkt da nicht an Linus-Ida in „Madita“ oder an Michels Krösa-Maja mit ihren Märchen und traurigen Liedern, die sie zur Gitarre sangen, und mit ihren freigebigen Waffelspenden. Schließlich gab es auch die Armenhäusler, denen Michel einen Weihnachtsfestschmaus bereitete.

Und dann all die **Landstreicher,** die um etwas zu essen und einen Schlafplatz im Heu baten. *„Gibt es heutzutage noch einen, oder ist der letzte Landstreicher gleichzeitig mit dem Wiesenknarrer und dem letzten Ochsengespann verschwunden?“*, fragt sich die Autorin etwas wehmütig. *„Mit den Landstreichern wehte ein Hauch von Abenteuer in unsere bäu-*

302bu ws

erliche Welt. Etwas an ihnen lockte und war gleichzeitig gefährlich, oh, mein Gott, wenn sie uns nun den Kuhstall anzündeten, so was hatten Landstreicher schon getan, davon hatte man gehört!“

Nein, der 106 Meter lange **Kuhstall,** eine Besonderheit zur damaligen Zeit, wurde nicht von Landstreichern abgefackelt, sondern von der Feuerwehr: am 1. April 1971 im Rahmen einer Brandübung, um Platz für Mehrfamilienhäuser auf der anderen Seite der Prästgårdsgatan zu machen. Astrid Lindgren stand auf dem Balkon und sah, wie der Stolz ihres Vaters in Schutt und Asche verschwand. Von da an hat sie sich in Vimmerby in die Lokalpolitik eingemischt und versucht, durch ihren Einfluss zu bewahren, was zu bewahren war.

Unter anderem sorgte sie auch mit anderen zusammen dafür, dass nicht die ganze Kuhweide oberhalb von Näs bebaut wurde. Ein kleiner Teil des **„kohagen“** sollte noch so aussehen wie zur Zeit ihrer Eltern. Er ist ein Beispiel für die typischen **„svenska hagar“,** von hölzernen Flechtzäunen oder Steinmäuerchen umgebene Weiden, die halb Wald, halb Wiese sind und Bäume und Sträucher ebenso umfassen wie Felssteine und Moos. In einem Gespräch mit ihrer deutschen Biografin Sybil Gräfin Schönfeldt sagte die Autorin einmal: *„Heute ist es nicht mehr wirtschaftlich, aber ich kämpfe darum. Svenska hagen – das ist Schweden!“* Bei unserem jüngsten Besuch in Vimmerby schien es uns allerdings eher schlecht bestellt um dieses Gelände. Dort, wo keine Kühe weiden dürfen, wächst nämlich alles zu und ähnelt in keinster Weise einer schwedischen Weide, wie sie Astrid Lindgren so am Herzen lag.

006bu sc

⌃ Knecht Alfred wird von seiner Lina angeschmachtet, Vorbild war der Pferdeknecht Pelle

< Halb Wald, halb Weide – die „svenska hagar“ sind rund um Vimmerby noch heute anzutreffen

> Folgende Doppelseite: Übersicht über das einstige Näs, Aquarell von Leif Ruhnström
1. Astrid Lindgrens Geburtshaus
2. Brauhaus, Schweine- und Hühnerstall
3. Das neue Pächterhaus von 1921
4. Der 106 Meter lange, ehemalige Stall
5. „Boa“ mit Ausstellung
6. „Kristins Küche“, heute abgerissen
7. Der Pfarrhof (rechts dahinter liegt der neue Museumspavillon)
8. Pippis „Limonadenbaum“

009bu lr

5
6
7
8
4

Vieles ist ganz und gar verschwunden, in der Erinnerung aber und in ihren Büchern ist alles lebendig geblieben: „*Fragt mich aber jemand nach meinen Kindheitserinnerungen, dann gilt mein erster Gedanke trotz allem nicht den Menschen, sondern der Natur. Sie umschloss alle meine Tage und erfüllte sie so intensiv, dass man es als Erwachsener gar nicht mehr fassen kann. Der Steinhaufen, wo die Walderdbeeren wuchsen, die Leberblümchenstellen, die Schlüsselblumenwiesen, die Blaubeerplätze, der Wald mit den rosa Erdglöckchen im Moos, das Gehölz rings um Näs, wo wir jeden Pfad und jeden Stein kannten, der Fluss mit den Seerosen, die Gräben, die Bäche und Bäume, an all das erinnere ich mich besser als an die Menschen. Steine und Bäume, sie standen uns nahe, fast wie lebende Wesen, und die Natur war es auch, die unsere Spiele und Träume hegte und nährte.*“

Und wie erlebt man Näs heute, wenn man es als Tourist betrachtet? Nicht wenige Besucher sehen es mit Rührung und mit Herzklopfen. Und mit Respekt, denn bis heute wirken das rot gestrichene Geburtshaus und das 1920 entstandene gelbe Wohngebäude daneben, in das Astrid als 13-Jährige zog, recht privat. Im **gelben Haus** treffen sich die Familienmitglieder zu ihrem „släktkalas“, wie es im Schwedischen heißt, zu den traditionellen Familientreffen, wie sie schon in „Festessen bei Tante Jenny“ in den Bullerbü-Büchern so anschaulich be-

„Das gelbe und das rote Haus“, Aquarell von Leif Ruhnström

schrieben sind. Diese Privatsphäre soll weiterhin erhalten bleiben, auch wenn mehr und mehr Besucher sich für den Geburtsort Astrid Lindgrens interessieren. Das rote Haus und Näs insgesamt gehören mittlerweile zu einer Gesellschaft, in der die Nachkommen der Autorin über deren Erbe wachen. Konnte man das Gelände früher frei betreten, ist dies heute nur noch möglich, indem man Eintritt bezahlt. Auf diese Weise werden die Besucherströme gelenkt und die Familie bleibt ein wenig geschützt.

Seit dem Jubiläumsjahr 2007 gibt es auf dem benachbarten Grundstück des „Prästgården", des Pfarrhofs, ein modernes Museum mit einer Dauerausstellung über die Autorin. Seitdem werden für angemeldete Gruppen Führungen durch das rote Haus angeboten (auch in deutscher Sprache). Darüber hinaus ist eine Ausstellung in der „Boa", einem ehemaligen Speicher, der auch als Landarbeiterwohnung oder Schreinerbude genutzt wurde, öffentlich zugänglich. Hier haben die Verwandten der Autorin einen kleinen, gemütlichen Laden eingerichtet. Das gelbe Haus aber ist ausschließlich privaten Zwecken vorbehalten.

Astrid Lindgrens älterer Bruder **Gunnar** hatte 1940 vom Vater die Landwirtschaft übernommen und betrieb den Hof zusammen mit seiner Frau Gunhild. Bis dahin hatten die beiden im alten roten Haus gewohnt, zusammen mit Samuel August und Hanna, die im oberen Stock lebten. Unter Gunnars Regie wurde Näs dann zu einem Musterbetrieb; der Pächter galt als ein ausgesprochen moderner Bauer, der sich auch politisch für seine Landarbeiter einsetzte.

Als kleiner Junge hatte er dazu noch eine andere Einstellung, wie eine kleine Episode beweist, die Astrid Lindgren im „Entschwundenen Land" beschreibt. Der Vater Samuel August, der als Kirchenältester in seiner Gemeinde mit Respekt betrachtet wurde, setzte sich zeit seines Lebens dafür ein, die vielen Steine von den Äckern und Feldern zu entfernen, um das Land zu verbessern. Damit trieb er allerdings die eigene Pacht in die Höhe, denn das Land war ja wertvoller geworden und die Kirche konnte so mehr Geld verlangen. Eines Tages forderte der Vater seinen Sohn auf, auch ein paar Steine vom Acker zu tragen. *„Das wollte der Vierjährige nicht, und da sagte sein Vater: ‚Na ja, dann bleiben sie eben liegen, und dann musst du sie wegschaffen, wenn du selber mal Bauer hier bist.' – ‚Nee', antwortete ihm das Knäblein, ‚dazu hab ich dann Knechte.'"*

1965 gab Gunnar Ericsson die Landwirtschaft auf und kaufte von der Kirche das gelbe Haus, in dem auch seine drei Töchter aufgewachsen sind. Zur gleichen Zeit kaufte Astrid Lindgren von ihrem Bruder das rote Haus, in dem sie 1907 zur Welt kam und das später als Landarbeiterwohnung genutzt wurde. Sie begann, rings um die beiden Häuser Grund und Boden zu erwerben, damit sich die wachsende Stadt nicht auch noch Näs einverleiben konnte. Vor allem aber richtete sie alles möglichst so ein, wie es zur Zeit ihrer Eltern ausgesehen hatte.

Es war nie ihre Absicht, daraus ein Astrid-Lindgren-Museum zu machen. *„Sie wollte hier wohnen, wenn sie in Vimmerby war, und sie wollte, dass man sehen konnte, wie eine Bauernfamilie zur Zeit der Jahrhundertwende lebte"*, erzählt Barbro Alvtegen, eine der drei Töchter von Gunnar. Mit der Einrichtung des

Museums in der unmittelbaren Nachbarschaft ist dies heute möglich, wenn auch die Besucher des roten Hauses meist mehr an Lindgren-Anekdoten als an Informationen über bäuerliches Leben interessiert sind.

Der 1830 errichtete weiße **Pfarrhof** bildet sozusagen die Brücke zwischen Geburtshaus und Museum. Hier gibt es wechselnde Ausstellungen zu Themen rund um Astrid Lindgrens Wirken. Als 2015 ihre Kriegstagebücher veröffentlicht wurden, gab es eine begleitende Ausstellung, später ging es um ihren Einfluss als Meinungsbildnerin oder um die Illustratorin Marit Törnqvist. Aber auch Schriftstellerkollegen wie Sven Nordqvist oder Lennart Hellsing werden hier vorgestellt. Gelegentlich gibt es Musikveranstaltungen oder Lesungen. Hier im Pfarrhof haben die Wissenschaftler aus aller Welt ihr Revier, die sich mit der Autorin wie auch mit der schwedischen Kinderbuchliteratur im Allgemeinen beschäftigen. Dafür steht ihnen eine Forschungsbibliothek mit Originalausgaben

014bu lr

und Übersetzungen in fast 90 Sprachen zur Verfügung.

Wir aber begeben uns zurück zu unserem Ausgangspunkt und schließen uns einer kleinen Gruppe an, die Gelegenheit zu einem deutschsprachigen **Rundgang durch die unteren Räume des roten Hauses** hat. Und ein bisschen müssen wir über uns selbst schmunzeln, als wir leichtes Herzklopfen und eine gewisse Rührung verspüren. Barbro Alvtegen ist das gewohnt: *„Wenn Astrid im Garten saß und manchmal Besucher kamen, dann war es, als ob der Herrgott selbst dort sitzen würde"*, schmunzelt sie.

Besonders eindrucksvoll ist natürlich die **Küche,** ein gemütlicher Raum, der im Kinderleben der Autorin eine sehr große Rolle spielte. An der Wand hängen die Hüte von Hanna und Samuel August zusammen mit dessen Spazierstock und zeugen davon, dass der Großeltern heute noch liebevoll gedacht wird. *„Großvater war immer sehr interessiert an der Landwirtschaft und ist als alter Mann noch mit Hut und Stock zum Stall gelaufen, um zu sehen, wie es den Tieren geht"*, erinnert sich Barbro Alvtegen. Aber auch Stößel und Mörser finden sich hier, die für den armen Bauernjungen Samuel August in seiner Kindheit das einzige Spielzeug waren.

Hier in dieser Küche wurde zum ersten Mal „Kickse-kickse-hu" gespielt, ein wildes Laufspiel, das rund um Küche und Vorratsraum führte. Jedes Mal, wenn die Geschwister sich begegneten, stachen sie einander den Zeigefinger in den Bauch und schrien „Kickse-kickse-hu" („sicken blås" auf Schwedisch). Der freche Bengel Michel hat auf diese Weise einmal die Magd Lina „gepikst", worauf der gesamte Kartoffelpufferteig auf

seinem Vater landete. In der Küche von Näs kann man heute allerdings nicht mehr „sicken blås" spielen, denn bauliche Veränderungen haben den Durchgang zum Vorratsraum versperrt.

In Astrid Lindgrens Büchern spielen oft die Küchen mit ihrem Ausziehsofa für die Mägde eine große Rolle. Ein solches Sofa steht auch in der Küche von Näs, und man kann sich heute nur schlecht vorstellen, dass man darin bequem schlafen konnte. Der Vorläufer all dieser Küchen aber war Kristins Küche. Kristin war die Frau eines Kuhknechtes und die Mutter von Edit. *„Diese Edit – gesegnet sei sie jetzt und allezeit – las mir das Märchen vom Riesen Bam-Bam und der Fee Viribunda vor und versetzte meine Kinderseele dadurch in Schwingungen, die bis heute noch nicht ganz abgeklungen sind"*, erinnert sich Astrid Lindgren im „Entschwundenen Land" an ihre erste Begegnung mit Märchen, mit Sagen und vor allem mit Büchern.

Kristins Haus gibt es heute nicht mehr, vermutlich wurde es abgerissen, als 1920 das neue gelbe Haus entstand. In diesem größeren und etwas reicher geschmückten Haus hat Astrid Lindgren bis zu ihrem Umzug nach Stockholm im Jahr 1926 gelebt. Die Veranda und die Küche waren eindeutiges Vorbild für die Villa Kunterbunt. Heute ist es im Besitz der Nachkommen von Gunnar.

⌃ Der bald 200 Jahre alte Prästgården (Pfarrhof), heute das Lindgren-Studienzentrum

‹ In der Küche, Aquarell von Leif Ruhnström

018bu lr

Wir setzen unseren Rundgang durch das rote Haus fort – und werden sofort wieder an die Kinderzeit Astrid Lindgrens erinnert. Im **Schlafzimmer** nebenan haben nämlich die großzügigen Eltern erlaubt, dass „Hochwasser kommt" gespielt wurde. *„Es galt, im ganzen Zimmer herumzuklettern, ohne auch nur mit einem Zeh den Boden zu berühren. Ein Unternehmen, das ziemlich große Gewandtheit erforderte und das auf die Dauer unverwischbare Spuren auf unseren Möbeln hinterlassen haben muss. Aber es wurde uns erlaubt!"*, schrieb Astrid Lindgren einmal. Und wer kennt nicht das Nicht-den-Fußboden-berühren-Spiel, das Annika, Thomas und Pippi so gerne spielen.

Wortführer in der Ericsson-Schar waren bei diesen Spielen immer Gunnar und Astrid. Einmal wollte der große Bruder lieber lesen und nicht mit der Kleinsten spielen. Also erklärte er ihr, sie solle „Türke" spielen: Das Spiel bestand darin, unter dem Tisch zu sitzen und zu sagen „Mehr Essen, mehr Essen". Derweil saß Gunnar am Tisch und las in seinem Buch. Viele seiner Ideen sind später in die Figur des Lasse aus den Bullerbü-Büchern eingeflossen.

So manche Erzählung hat ihren Ausgang in diesem Haus genommen, so manches Wort wurde hier erfunden, das in die Literatur einging. Deshalb heißt das rote Haus in der Familie auch „Bullerbü". Und bei einer privaten Führung, die uns Barbro Alvtegen ganz zu Beginn unserer Recherchen anbot, zeigte sie uns eine Kinderzeichnung in einer Klarsichthülle und erzählte dazu folgende Geschichte: Einmal saß Gunnar am Schreibtisch und malte ein Papier aus, das Astrid vorher kariert hatte. „Was malst du?", fragte Astrid. „Ein Salikon", antwortete Gunnar. „Aha", sagte Astrid und verstand sofort, welch sonderbares Ding eigentlich ein Salikon war. Lange, lange Zeit spielten die beiden fantasiebegabten Geschwister mit diesem **Salikon** – später wurde es in der Erzählung „Allerliebste Schwester" zu einem Rosenbusch, der ein schönes Geheimnis birgt.

Das **Esszimmer** aber war die gute Stube, die nur zu besonderen Gelegenheiten benutzt wurde. Hier stand eine kleine Heimorgel, und als die junge Astrid eines Tages keine Lust hatte zu üben, machte sie so lange Kopfstand, bis sie Kopfweh bekam.

Barbro Alvtegen selbst hat ihre ersten drei Lebensjahre hier im roten Haus verbracht, bevor die Familie ins größere gelbe Haus umzog. Und natürlich hat

auch sie, wie alle Ericsson-Kinder vor ihr, im „Eulenbaum" auf dem Nachbargrundstück gespielt. Diese hohle Ulme, die zum Grundstück des Pfarrhauses gehört, ist das Vorbild für Pippis Limonadenbaum. *„Zu unserer Zeit gab es natürlich keine Limonade darin"*, lacht Barbro Alvtegen, *„aber unsere Enkel, die haben hier schon mal etwas gefunden."*

Die drei Töchter von Gunnar und Gunhild – Gunvor, Barbro und Eivor – haben zusammen mit ihren Männern Leif Ruhnström, Bertil Alvtegen und Bengt Benson eine **Ausstellung** konzipiert, die sich mit den Kindheitserinnerungen der Ericsson-Geschwister befasst. Die Idee entstand bei einem Familienfest zu einer Zeit, als schon mehr und mehr Touristen nach Näs kamen, um Astrid Lindgrens Geburtsort zu besichtigen. Zunächst ging es darum, einen Ausstellungsort für Leif Ruhnströms Aquarelle zu finden, der die Gebäude von Näs oft gezeichnet hat und sich in seinen Werken auch auf die Familiengeschichte bezieht. So sind beispielsweise auf einem der Bilder die beiden Hüte von Samuel August und Hanna zusammen mit dem Stock zu sehen, den der Vater immer benutzte. „Mein Stock und Stab", sagte Samuel August dazu gerne – in Abwandlung eines bekannten Bibelzitats.

⌃ Die Ausstellung in der Boa widmet sich den Geschwistern Astrid Lindgrens

< Das Andenken an die Eltern: Die Hüte von Samuel August und Hanna, Aquarell von Leif Ruhnström

In einem der Häuslerhäuser also, der **Boa** („draußen bei Olga" hieß es in der Familie immer), sollte der Anfang gemacht werden. Aus dem geplanten Atelier wurde schließlich eine gut gemachte Ausstellung über die Familie, in der man viel über das „Entschwundene Land", über die Spiele der Geschwister und deren weiteren Lebensweg erfährt. In der Broschüre „Was ist das nur für sonderbarer Nachwuchs?", die auch auf Deutsch erhältlich ist, kann man die Texte nachlesen, und wer den Fußspuren, die auf den Boden gemalt sind, folgt, kommt von einer schönen Geschichte zur nächsten lustig erzählten Anekdote. Denn Humor und Sprachbegabung zeichnete alle vier Ericsson-Kinder aus – weshalb Samuel August, der småländische Bauer, auch vom „sonderbaren Nachwuchs" sprach.

Gunnar Ericsson, der fantasiebegabte und musikalische Bruder, war neben seiner Tätigkeit als Landwirt auch ein Politiker, der viele Ideen in den Reichstag einbrachte. Als Verfasser der humoristischen Svitjod-Chronik war er ein kritischer Beobachter seiner Zeit. **Stina** Hergin, die eine ähnlich ausdauernde Erzählerin gewesen sein muss wie ihre Namensvetterin in „Ferien auf Saltkrokan", wurde Journalistin und Übersetzerin. **Ingegerd** Lindström, als Kind „Mamas kleine Nickon" genannt, hatte nach einem Unfall während des Turnunterrichts zeit ihres Lebens gesundheitliche Probleme. Sie arbeitete ebenfalls als engagierte Journalistin und besaß die sprichwörtliche Schlagfertigkeit der Ericsson-Kinder. Einmal lief sie vor den Augen eines Polizisten über die Straße. *„Hier können Sie nicht die Straßenseite wechseln"*, rief der Polizist. *„Doch, ich bin ja in den Wechseljahren"*, gab sie zur Antwort.

Um die Ausstellung zu finanzieren und die Gebäude zu erhalten, richteten die drei Töchter von Gunnar Ende der 1980er-Jahre in der ehemaligen Schreinerbude einen kleinen **Laden** ein, in dem es im Sommer die Aquarelle von Leif Ruhnström, kunsthandwerkliche Arbeiten und auch eine Auswahl an Büchern zu kaufen gibt. Die Boa, in der die Autorin zu ihren Lebzeiten oft Bücher signierte, ist jedes Jahr gut besucht. Viele Besucher nutzen die Gelegenheit, sich mit Astrid Lindgrens Verwandten über ihre persönlichen Erinnerungen zu unterhalten, und Gunvor, Barbro und Eivor, die sich gemeinsam mit ihren Ehemännern bei der Betreuung der Boa abwechseln, erzählen gerne und antworten geduldig auf die vielen Fragen. Mit den Jahren sind die Öffnungszeiten der Boa etwas unregelmäßiger geworden, was vermutlich dem hohen Alter ihrer Betreuer geschuldet ist. Ist die Tür aber geöffnet, lohnt sich ein Besuch auf alle Fälle.

Mit der Eröffnung des benachbarten Museumspavillons, der im Jubiläumsjahr 2007 von Kronprinzessin Viktoria unter großer Anteilnahme der Bevölkerung eingeweiht wurde, ist aus dem ehemals rein privaten Näs ein öffentliches geworden. Das Angebot für Touristen wurde professioneller, die Familie entlastet. So führen vom Museum angestellte junge Frauen kleine Besuchergruppen durch das rote Haus, während das gelbe Haus ausschließlich für private Familientreffen genutzt wird.

Am deutlichsten wird diese Veränderung am **Museumspavillon.** Der moderne Bau ist ein gelungener und aus-

reichend dezenter Kontrastpunkt zu den alten Häusern daneben. Auf der Terrasse kann man gemütlich Kaffee trinken, und auch das Café mit seiner Leseecke für die kleinen Besucher lädt zu einer Pause ein. Die früher im Pavillon gezeigte Ausstellung „Hela världens Astrid Lindgren" ging unserer Meinung nach allerdings nicht nur angemessen mit dem Erbe der Autorin um. Wir sind recht zufrieden, dass sie neu konzipiert wurde. Bei unserem letzten Besuch waren erst wenige Details bekannt; im Mai 2023 wurde die Ausstellung schließlich eröffnet.

„Astrid Lindgren und die Kraft des Erzählens" zeigt in chronologisch angeordneten Kapiteln die Lebensgeschichte der Autorin und macht darüber hinaus mit der Person vertraut, die sie war, wenn sie nicht im Rampenlicht stand. Es beginnt in einer kleinen, einfachen Landarbeiterküche auf dem Hof Näs. Hier bekam das Mädchen Astrid die erste Geschichte seines Lebens zu hören. Ein folgenreicher Moment nicht nur für die spätere Schriftstellerin, sondern auch für viele Kinder, deren Seelen dadurch gleichermaßen „in Schwingungen" versetzt wurden.

Erzählt wird von ihrer großen Verbundenheit zu Näs, dieser reichen Inspirationsquelle. Es werden Lieder zu hören sein, die in ihrer Kindheit gesungen wurden und die sie zu einem eigenen Schatz an Liedern anregten. Auch die melancholische Seite wird nicht

⌃ Der Museumspavillon dient als Haupteingang für das gesamte Gelände

252bu ws

verschwiegen: Die Verzweiflung, als die junge Mutter ihren Sohn zunächst nicht bei sich behalten durfte; die Gedanken, die sie während des Zweiten Weltkriegs in ihren Kriegstagebüchern niederschrieb. Die Kinderbuchautorin war Zeit ihres Lebens politisch interessiert und hat schreibend immer wieder großen Einfluss auf die Entwicklung des Landes genommen. Eine Auswahl von Werken wird in den geschichtlichen Zusammenhang gestellt, eine Personengalerie erzählt von Menschen, die ihr Leben maßgeblich geprägt haben.

Bis wir uns selbst ein Bild vom neu konzipierten Pavillon machen können, nehmen wir einmal mehr den 2007 veröffentlichten und sehr gelungenen Bildband „Astrid Lindgren. Bilder ihres Lebens“ von Jakob Forsell, Johann Erséus und Margareta Strömstedt zur Hand, in dem die Fotos von intelligenten und informativen Texten anschaulich unterstützt werden. Auch Jens Andersens Biografie von 2015 bietet einen detaillierten Blick auf das Leben der Autorin.

In Näs aber gibt es eine weitere Entdeckung zu machen: die **„Gärten von Astrid Lindgrens Näs“.** Wir verlassen den Museumspavillon und betreten eine Welt, die ganz bewusst Bezug nimmt auf den Zauber der Bücher. Denn auf dem Gelände rund um Museum, Pfarrhof und Geburtshaus haben drei Frauen das Zepter in die Hand genommen und ein Projekt namens „Trädgårdarna på Astrid Lindgrens Näs“ umgesetzt. Mit diesen Themengärten wird die Ausstellung ins Offene weitergeführt, und dies erfährt viel Lob von den Besuchern.

Sie sind als Ergänzung zur biografischen Betrachtung gedacht, hier geht es vorrangig um Gefühle. Begriffe wie Lebensfreude, Mut, Geborgenheit oder Hoffnung wurden in die Sprache eines Gartens übersetzt, und zum Erstaunen vieler ist es der künstlerischen Leiterin **Karin Eliasson** gelungen, mit Hilfe von Blumen und Bäumen die Atmosphäre des Lindgren'schen Kosmos darzustellen. Dabei war das Projekt anfangs nicht unumstritten.

Sie und ihre Schwestern seien nicht gerade vor Begeisterung in die Luft gesprungen, gesteht Barbro Alvtegen, eine der Nichten Astrid Lindgrens, in ihrem Vorwort zum begleitenden Bildband von Karin Eliasson. Die Verwandten der Schriftstellerin sind naturgemäß nicht immer nur glücklich über die Hingabe, mit der die Touristen in Schweden nach dem Ursprung ihrer Lieblingsgeschichten forschen. Sie erinnern sich vielmehr an Kuhweiden und urwüchsige Natur. *„Ich kann mich nicht erinnern, dass Astrid im Geringsten interessiert an Gärten war"*, beschreibt Barbro Alvtegen ihre Vorbehalte. Aber die Ideen Karin Eliassons und die drei Jahre währende Umsetzung des Projekts erwiesen sich als überzeugend. Heute freuen sich die Familienmitglieder, jederzeit Zugang zu den Gärten von Näs zu haben. *„Welch Glück, dass ich nicht bestimmen durfte!"*, schreibt Barbro Alvtegen und lobt die Feinfühligkeit, mit der hier gearbeitet wurde. Auch uns, die wir nicht gerade über einen grünen Daumen verfügen, zog es mehrfach dorthin. Lebten wir in Vimmerby, so wäre die Jahreskarte schon gekauft.

Als die Gärtnermeisterin Karin Eliasson, in Schweden als Autorin von Gartenbüchern bekannt, im März 2013 nach Vimmerby fuhr, um den Auftrag anzunehmen, war ihr gleich klar, dass es Lust und Verantwortung zugleich bedeutet, mit Astrid Lindgrens Erbe zu arbeiten. Entstehen sollte kein gewöhnlicher Garten, sondern einer mit „Charakter und mit Haltung". Der Respekt der Schriftstellerin für die Natur und alles Lebende, ihr aktives Engagement für ein ökologisches, nachhaltiges Denken sollte wegführend in jedem Detail werden. Das Wilde sollte Hand in Hand ge-

203bu sc

⌃ Gärtnerin Karin Eliasson vor dem frisch angelegten Wildrosengarten

< Aufklappen und die klugen Texte zu den einzelnen Teilen der Gärten lesen!

hen mit dem Kultivierten, Brennnesseln ebenso ihren Platz haben wie Rosen. „Mit und gegen die Natur arbeiten", so beschreibt Karin Eliasson die Arbeit der Gärtner von Näs als einen ständigen Balanceakt. Die künstlerische Leiterin hatte in der Projektchefin Kajsa Holst und in der Gärtnermeisterin Claudia Schutte Partnerinnen, die wie weitere Gartendesigner und Künstler die Idee dahinter verstanden.

Bei den begleitenden Texten, die in großen Holzbüchern auf Schwedisch, Deutsch und Englisch zu lesen sind, ist Karin Eliassons Handschrift unverkennbar. Die Gärtnerin ist zugleich eine talentierte Texterin, was der 2017 veröffentlichte und empfehlenswerte Bildband über die Gärten von Näs beweist. Sie hat sich gründlich in die Welt der Kinderbuchautorin eingelesen und findet sprechende Bilder für die Hintergründe ihrer Planung. In Näs, so schreibt sie, habe Astrid Lindgren gelernt, was es braucht, um Essen auf dem Tisch zu haben, und wie wichtig es sei, mit der Nahrung sorgsam umzugehen. Schreibt sie über Blaubeeren, das Synonym für schwedischen Waldboden, dann fühlt man als Leser die blauen Beeren im Mund zerplatzen und ihren intensiven Saft abgeben. Das ist kundig und poetisch zugleich, und dieser Gärtnerin nimmt man ab, dass sogar im wuchernden Unkraut Giersch eine gewisse Schönheit steckt.

Hinter jedem der in drei Abschnitten fertiggestellten Gärten steckt eine Idee. Das beginnt mit dem **Apfelhain** gleich beim Eingang zur Ausstellung im Pavillon, in dem der sogenannte Weidehorizont sichtbar wird: Wenn das Vieh unter den Bäumen grast, verschmäht es auch die unteren Zweige nicht, und so entsteht eine Linie dort, wo die Kühe noch hinreichen.

Bei unserem ersten Besuch in den neuen Gärten ist alles ein bisschen kahl, die Rosenbüsche und Kletterrosen an Pergolen brauchen noch Zeit und Sommerwärme, um ihre volle Schönheit zu entfalten. Und doch erschließt sich das Konzept sogleich. In ihren Kindheitserinnerungen „Das entschwundene Land" hat Astrid Lindgren über ihre besondere Beziehung zur Natur geschrieben: *„Aber noch habe ich nicht alles vergessen, noch kann ich sehen und den Duft spüren und mich der Seligkeit des Heckenrosenbusches auf der Rinderkoppel erinnern, der mir zum ersten Mal gezeigt hat, was Schönheit ist."* Der **„Törnrosgården"** hat seine Blütezeit vor Mitte Juli, doch ab August liefern dessen Hagebutten ein „Potpourri aus Farbe und Form – und Geschmack", wie die künstlerische Leiterin schreibt. Das entspricht dem Motto, das sich die Gärtner von Näs gegeben haben: „Som en saga utan slut – Wie ein Märchen ohne Ende". Mit den Jahreszeiten, mit den Jahren zeigen die Gärten immer wieder ein anderes Bild, die damit verbundenen Gefühle aber bleiben erlebbar. Vom Rosengarten aus schlängelt sich der Weg zu den Themengärten entlang einer bewachsenen Steinmauer. Småland war immer reich an Steinen, und was heutige Schwedenbesucher als idyllisch empfinden, war für Bauern wie Lindgrens Vater Samuel August ein steter Grund zur Plackerei.

[>] Im Blättersaal fällt die Aufforderung leicht, sich am Leben zu erfreuen

Als Erstes fällt der Blick auf eine von hellen Birken eingerahmte Wiese mit roten, blauen und weißen Wildblumen. **„Lövsalen",** der **Blättersaal,** zeigt ein Gefühl, das in Astrid Lindgrens Büchern oft beschrieben ist. Auf Schwedisch sagt man „bubblande livsglädje" dazu: eine übersprudelnde Lebensfreude, wie sie sich in Ronjas Frühlingsschrei oder im vollen Körpereinsatz von Jungen wie Bullerbüs Ole oder Saltkrokans Pelle ausdrücken. In gemütlichen Korbschaukeln können die Besucher dieses Lebensgefühl genießen, wenn sie ins Blätterdach und in den Himmel blicken.

Das leise Plätschern eines Baches, an dem an warmen Sommertagen Kinder ihre Freude haben, begleitet uns auf dem weiteren Weg. Ein kleines Wäldchen mit Licht und Schatten weist auf einen wichtigen Aspekt der Kinderbücher: Hier geht es um die **Geborgenheit,** von der Astrid Lindgren selbst sagte, dass sie neben der Freiheit zu ihrer besonders schönen Kindheit beigetragen habe.

Unmerklich geht der lichte Garten jedoch in einen anderen über. Dunkel ist es hier, kühl und streng. Moos, Hemlocktannen, ein schwarzer Teich werden von hohen Palisaden abgeschirmt: Im **Garten der Melancholie** wird die düstere Seite des Lebens gezeigt. Trotz ihres ansteckenden Humors war Astrid Lindgren zeit ihres Lebens auch ein melancholischer Mensch, und dies spiegelt sich in nahezu allen ihren Kinderbüchern wider.

Nach einer kleinen Weile der Nachdenklichkeit treten wir aus dem Dunkel und stoßen auf ein Stück pure Anmut. Das „Schöne Feld der Freiheit" ist ein Symbol für die unzähligen **Wiesen** Schwedens, die früher Garant für Futter in den kalten Wintern waren. Heute haben sie ihre Bedeutung verloren und es gibt immer weniger davon. „Freiheit", so heißt es im begleitenden Text, „ist eine Voraussetzung für die Entwicklung von Vielfalt". Dabei geht es nicht allein um Artenreichtum, sondern auch um eine

305bu sc

heute bedrohte Landschaftsform. Die „Ängarna" von Näs sind ein Plädoyer für den Erhalt von Wiesen – und sei es als Verkehrsinsel oder als Bepflanzung von Hausdächern.

Auf dem hügeligen Gelände unterhalb des „Trädgårdshuset" (zusätzliches Gebäude für Ausstellungen und Workshops) illustriert die sogenannte **Kirschbaumtreppe** den Aspekt Mut. Dabei muss es nicht immer so dramatisch zugehen wie bei den Brüdern Löwenherz, auch der freche Michel, die starke Ronja und die Gerechtigkeit einfordernde Madita sind mutige Kinderbuchgestalten. Hier geht es darum, über einem Beet mit Brennnesseln zu balancieren oder in einem symbolischen Akt neue Tore, schön geschwungene Holzgatter, zu öffnen. *„Vielleicht lehren die Geschichten Astrid Lindgrens uns ja genau das: dass mutig sein nicht bedeutet, keine Angst zu haben, sondern seine Handlungen nicht von seiner Angst steuern zu lassen"*, lautet der dazugehörige Text.

In einem kleinen **Eichenhain** gibt es viel Raum für kreative Ideen. Hier probieren sich Kinder beim Malen auf Tafeln aus, ordnen Buchstaben zu Wörtern oder fügen Hölzer zu Bienennestern zusammen.

Besonders angerührt aber sind wir von dem oberhalb des Hains angelegten **„Raum der Hoffnung"**. Dort, wo der

⬆ Auch bei strahlendem Wetter bleibt es im Garten der Melancholie ruhig und schattig

254bu ws

künstliche, aber lebendig wirkende Bach entspringt, steht eine halbrunde Bank, von der aus die Besucher auf spielende Kinder und lustwandelnde Erwachsene blicken. Plötzlich mischt sich in das Gluckern des Wassers leise Musik vom Band. Georg Riedel, der Jazz-Komponist, der etliche der Liedtexte von Astrid Lindgren vertont hat, ließ sich 2016 für die Gärten von Näs eine Musik einfallen, mit der die Hoffnung ausgedrückt ist, die Astrid Lindgrens Bücher durchzieht.

Menschen wie die Gärtnerin Karin Eliasson, der Komponist Georg Riedel oder Filmemacher wie Olle Hellbom und Tage Danielsson legen Zeugnis davon ab, dass die Kinderbuchautorin, die ja in vielerlei Hinsicht großen Einfluss auf ihr Land ausübte, es über ihren Tod im Jahr 2002 hinaus vermocht hat, Menschen zu begeistern. Es sind kreative, kompetente Künstlerinnen und Künstler, die Astrid Lindgrens Arbeit auf eigene Weise, aber in ihrem Sinne behutsam weiterführen. Privilegiert sei sie, hat Barbro Alvtegen in ihrem Vorwort geschrieben. Wenn sie daheim in Vimmerby sei, dann könne sie mit den Gärten von Näs immer ein Kunstwerk betreten: *„Denn ein Kunstwerk ist es! Und ein bisschen Kuhweide gibt es auch noch!"*

Für Kinder bieten die Gärten ebenso viel Spielmöglichkeiten wie der **Spielgarten** (Lekhaga), dem wir auf dem Rückweg einen Besuch abstatten. Hier ist alles aus Holz gebaut, auch das große Eichhörnchennest aus Robinien-Ästen, in dem es sich wunderbar klettern lässt. Im Stall picken Hühner auf dem Boden herum. In der Sagolada, der Märchenscheune, kommen die jüngsten Besucher zu Erzählstunden zusammen, während sich die Erwachsenen das Modell ansehen, das anschaulich macht, wie Vimmerby zur Zeit von Samuel August und Hanna ausgesehen hat. Im Tischlerschuppen daneben können die Besucher schnitzen oder sich einen Film ansehen. „Vägen till Emil" zeigt anhand von (untertitelten) Interviews, wie die bezaubernden Verfilmungen der Michel-Bücher entstanden sind. Hinter dem Spielplatz, Richtung Boa und rotes Haus aber wächst Unkraut, kaum gebändigt. Das soll so bleiben. *„Je näher wir dem roten Haus kommen, desto vorsichtiger sind wir"*, verspricht Gärtnermeisterin Karin Eliasson, *„rund um das Geburtshaus soll so wenig verändert werden wie möglich."*

Rund um die Skulptur „Källan Astrid" wurde ein **Pflaumenhain** gepflanzt. Hier dürfen die Besucher im Spätsommer Früchte vom Baum pflücken, aber auch im Museumscafé wird die Ernte verarbeitet. Die Skulptur „Quelle Astrid" der 1946 geborenen Berit Lindfelt hat für viel Gesprächsstoff gesorgt, denn eigentlich sollte sie auf dem Hauptplatz von Vimmerby stehen. Die Bewohner wehrten sich allerdings mit einer langen Unterschriftenliste gegen den Entwurf, und so kam die „Quelle" neben den Pfarrhof: ein eckiges Wasserbecken mit einem riesigen Knabenkopf aus Bronze, aus dem Wasser ragt eine Hagebutte heraus, daneben ein Dornenkranz, ebenfalls aus Bronze.

Der **Pfarrhofgarten** davor, mit seinen uralten Ulmen, Birnbäumen und Hängebirken, dort, wo die Urversion von Pippis Limonadenbaum steht, bekam durch Hecken, einen Zaun und einige Fliederbüsche einen Rahmen. Die Grasfläche wurde bewusst freigelassen, denn hier haben wechselnde Künstler Gelegenheit, kurzzeitig ihre Spuren zu

hinterlassen. Während die „Skulptur der Verzweiflung“ von Karl Chilcott am Ende der Gartenanlagen für die Dauer gedacht ist, soll es hier jedes Jahr um ein anderes Thema gehen. Der Gedanke, der dahintersteckt: Pfarrhöfe waren im 19. Jahrhundert so etwas wie Bildungszentren. Als es noch keine Volkshochschulen gab, dienten sie der Wissensverbreitung, in ihren Gärten traf man sich zum Gedankenaustausch.

Am Ende unseres Besuches wenden wir uns erneut der Boa zu, stöbern in dem kleinen Laden und kommen mit Astrid Lindgrens Nichte Gunvor ins Gespräch. Sie und ihre beiden Schwestern gehören zur letzten Generation, die auf dem Bauernhof Näs aufgewachsen ist, die sich noch daran erinnern kann, wie es war, als hier Bauern ihrer Arbeit nachgingen. Nach wie vor trifft sich die gesamte Familie wie zu Zeiten von Samuel August und Hanna auf Näs, um zusammen zu singen und sich an die alten Zeiten zu erinnern, auch wenn die Tiere fort sind und die Felder bebaut. Wie schrieb doch Gunnar? *„Wir finden es wunderbar, dass wir auf einem Bauernhof aufwachsen konnten. Dass wir Kinder in Bullerbü sein durften.“*

⌃ Kinder überlegen nicht lange, sie werden gleich kreativ

› Es geht nichts über die herzhafte Smörgåstorte im Café des Ausstellungspavillons

Praktische Hinweise

306bu ws

Information

- **Kulturzentrum Astrid Lindgrens Näs,** Prästgårdsgatan 24, 59836 Vimmerby, Tel. 0492/566800, www.astridlindgrensnas.se (Homepage auch auf Deutsch)
- Den Bildband von Karin Eliasson **„Trädgårdarna på Astrid Lindgrens Näs"** (Salikon Verlag, 270 SEK) gibt es zwar nur auf Schwedisch, aber allein die brillanten Fotos von Robert Blombäck sind eine wundervolle Erinnerung.

Anfahrt

- Anfahrt nach **Vimmerby** siehe dort
- **Näs** befindet sich an der Prästgårdsgatan, einen knappen Kilometer nördlich des Stadtzentrums.

Öffnungszeiten

- **Bildungszentrum im Pfarrhof und Pavillon:** ca. Ostern–Mitte Mai Fr–So 11–16 Uhr, Mitte Mai–Mitte Aug. tägl. 10–18 Uhr, Mitte Aug.–Mitte Sept. tägl. 11–16 Uhr. **Führungen im Geburtshaus** (45 Min., ab 8 Jahren, auch auf Deutsch): Mai–Anfang Sept. tägl., für Gruppen ab 8 Personen auch außerhalb der Zeit nach Vorbuchung per Tel. oder Mail
- **Boa auf Näs:** Juli–August unregelmäßig geöffnet, siehe Homepage www.boavimmerby.se

Eintritt

- **Ausstellungen inklusive Audioguide und Gärten:** 220 SEK, Senioren ab 65 170 SEK, Kinder 8–14 Jahre 110 SEK, Kinder bis 7 Jahre in Begleitung Erwachsener frei
- Eine **Führung im Geburtshaus** kostet zusätzlich 160 SEK (Erwachsene, Senioren und Kinder ab 8 Jahre), Vorbuchung (empfohlen) unter Tel. 0492/566800 oder bokning@astridlindgrensnas.se.
- Für Gruppen ab 20 Personen gibt es Vergünstigungen.

Essen und Einkaufen

- **Boa:** Bücher von Astrid Lindgren und über Näs, auch auf Deutsch, mit einem schönen Boa-Etikett, Aquarelle von Leif Ruhnström, Kunsthandwerk
- **Ausstellungspavillon:** schönes Café-Restaurant, großer Museumsshop
- **Picknick** darf in die Gärten mitgebracht werden.

Übernachten

→ Kapitel 3 „Vimmerby"

2

Samuel August und Hanna

Mit dem Fahrrad vom See Krön nach Sevedstorp

» Als junger Mann musste Vater Samuel August einmal durch den nächtlichen Wald zu seinem Elternhaus marschieren. Und so sehnsüchtig wünschte er sich damals ein Fahrrad! Wir folgen ihm, der so viele Lindgren-Geschichten inspiriert hat, radelnd vom Krön nach Bullerbü.

„Genauso geschwind waren wir unten am See, kamen aber dennoch stets nicht ertrunken zurück." (Mossjön bei Pelarnehult)

Astrid Lindgren schreibt:

„Es war ein Samstag im August 1894. An diesem Tag machte sich Samuel August auf eine Wanderung, die über sein Leben entscheiden sollte. Und doch ging er nur heim nach Sevedstorp. Bis dorthin waren es zwanzig Kilometer, und er konnte sich erst auf den Weg machen, nachdem auf Vennebjörke das Tagewerk beendet war. Es wurde Abend und sogar Nacht, ehe er zu Hause ankam. Und wund lief er sich obendrein, sodass er den einen Schuh ausziehen und mit einem bloßen Fuß marschieren musste. ‚Und so sehr hab ich mir 'n Rad gewünscht, dass es reineweg wunderlich war, dass keins aus dem Erdboden auftauchte', sagte er später immer, wenn er davon erzählte."

Aus der Erzählung „Samuel August von Sevedstorp und Hanna in Hult", erschienen in „Das entschwundene Land"

Könnte fast aus dem Erdboden aufgetaucht sein: stilecht bemoostes Fahrrad

256bu ws

In ihrem einzigen Buch, das sich vorrangig an Erwachsene richtet, beschreibt Astrid Lindgren die Lebensgeschichte ihrer Eltern, die wohl auch deshalb so anrührend ist, weil sie nicht damit endet, wie die beiden „sich kriegen", sondern erzählt, wie diese Liebe ein ganzes langes, arbeitsreiches Leben währt. Der zur Pfarrei gehörende Pachthof in Näs war die Heimstatt dieser Liebe, und die Aussicht, diesen Hof zu pachten, ließ Samuel August einen beschwerlichen Weg zu Fuß nach Hause antreten. Über 100 Jahre später möchten wir diese Wanderung nachvollziehen. Wir erfüllen uns Samuel Augusts Wunsch und nehmen das Fahrrad. Die genaue Route entstand zum einen in dem Bemühen, die Schauplätze miteinander zu verbinden, zum anderen in dem Bestreben, stark befahrene Straßen zu meiden. Nach der Einschätzung von Kerstin Karre, der Enkelin von Samuel Augusts Onkel Per Otto auf Vennebjörke, die dort heute noch mit ihrem Mann wohnt, dürfte die Route sogar in weiten Teilen dem tatsächlichen Heimweg von Samuel August entsprechen.

Das folgende Kapitel ist also eine **genaue Wegbeschreibung,** die nur für Leser spannend ist, die eine solche Fahrradtour planen oder sich etwas intensiver mit dem „Entschwundenen Land" beschäftigen wollen.

GPS↓ **Ausgangspunkt** ist ebenjener Hof von Per Otto Ingström in **Vennebjörke,** dessen gelb gestrichenes Wohngebäude oberhalb der Straße von Vimmerby nach Djursdala liegt, gleich hinter dem Ortsschild von Vennebjörke. Die Wirtschaftsgebäude sind längst der Verbreiterung der Straße gewichen, aber die Sicht über den See Krön ist wunderschön.

Zu seinem Onkel Per Otto, einem Bruder der Mutter, kam Samuel August als junger Knecht, und um einem ganzen Leben als Knecht zu entgehen, wollte er seinen Vater unbedingt überreden, den Pfarrhof in Näs zu pachten. Vorgeschlagen hatte dies Per Otto, der auch gesagt hatte: *„Da weiß ich kein einen, der dafür besser passen tät als Schwager Samuel von Sevedstorp mit all seinen Jungs."* Im Übrigen aber war dieser Onkel sehr streng – und selbst für småländische Verhältnisse äußerst sparsam. Er gilt als das Vorbild für Emils Vater Anton, der ja auch gerne vorrechnet, wie viel Geld die Familie wieder verschleudert hat.

Unsere Route geht zunächst zurück in Richtung Vimmerby, doch schon gut hundert Meter nach dem Hof biegen wir direkt bei der Bushaltestelle „Borgmästarens Grind" rechts ab und folgen dem Schotterweg gleich wieder links. Im Großen und Ganzen geht es jetzt immer parallel zum See Krön nach Süden, zunächst etwas bergab. Trotz des Schildes „Ej genomfart" (keine Durchfahrt) nehmen wir den Weg geradeaus weiter, der jetzt immer schmaler und bewachsener wird.

Nach ein paar hundert Metern liegt links eine stillgelegte, halb verfallene **Wassermühle** am Bach **Segelbäcken,** der die Grenze zwischen Näs und Vennebjörke markierte. Vielleicht inspirierte der Müller Johan Svensson Astrid Lindgren dazu, in den Bullerbü-Büchern über Johann von der Mühle zu schreiben, dem Müller, der etwas wirr im Kopf, aber lieb und gut zu den Kin-

Umgebung von Vimmerby – Radtour vom See Krön nach Sevedstorp

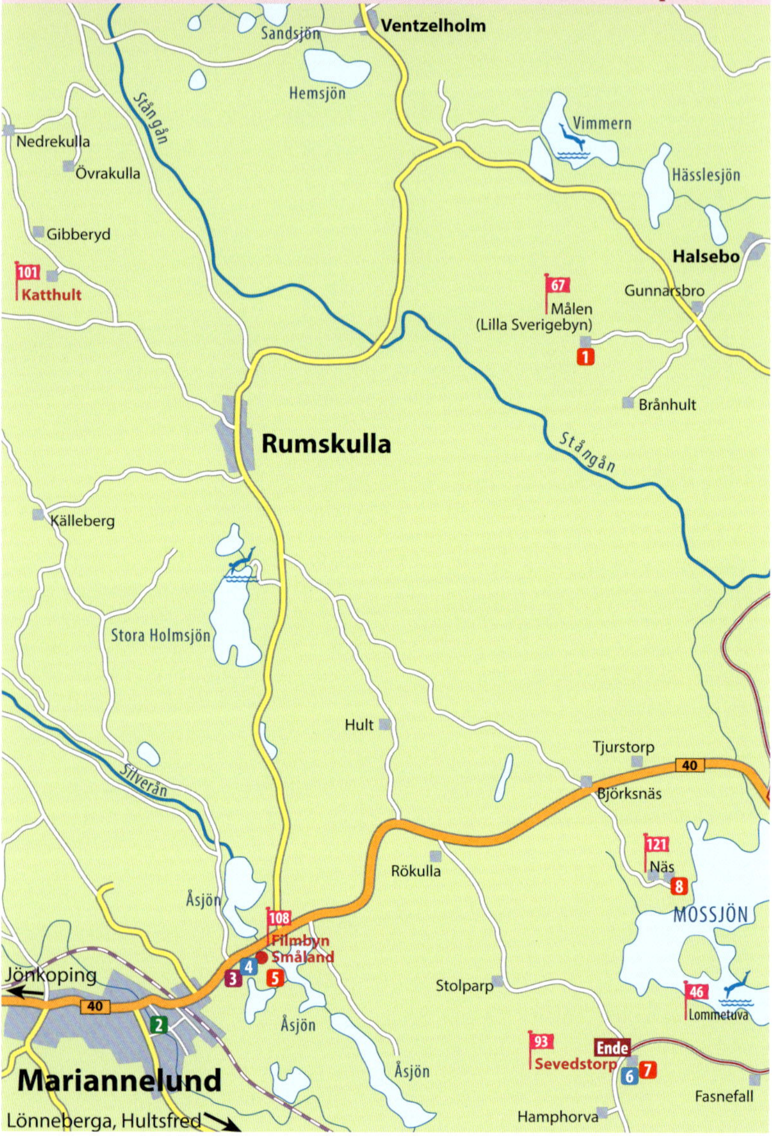

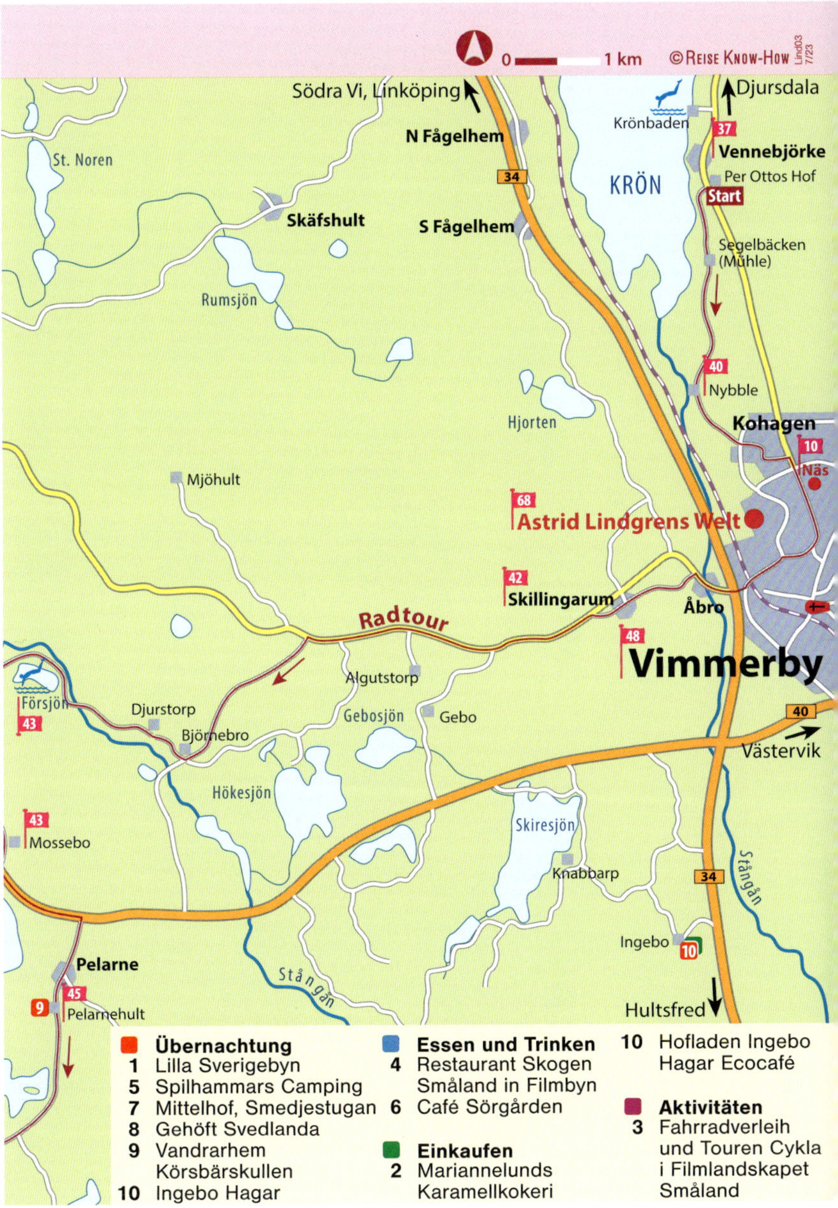

Übernachtung
1 Lilla Sverigebyn
5 Spilhammars Camping
7 Mittelhof, Smedjestugan
8 Gehöft Svedlanda
9 Vandrarhem Körsbärskullen
10 Ingebo Hagar

Essen und Trinken
4 Restaurant Skogen Småland in Filmbyn
6 Café Sörgården

Einkaufen
2 Mariannelunds Karamellkokeri

10 Hofladen Ingebo Hagar Ecocafé

Aktivitäten
3 Fahrradverleih und Touren Cykla i Filmlandskapet Småland

308bu ws

dern ist. Im Buch heißt der Bach allerdings Weidenbach.

Bei der Mühle geht es über die Brücke, dann muss man ein bisschen bergauf schieben; an der Gabelung wählt man den linken oberen Weg, der nach 50 Metern mit einem anderen Fahrweg zusammenkommt. Hier geht es geradeaus weiter. Nach ein paar hundert Metern und einem gelben Haus mit einem Kirschbaum am Weg nehmen wir an der nächsten Gabelung den rechten unteren, etwas bewachsenen Weg und folgen an der nächsten Wegkreuzung geradeaus dem Wegweiser „Fågeltorn" (Vogelturm).

Kurz danach zweigt der Pfad zum Vogelturm rechts ab, wir fahren oder schieben den grob geschotterten Weg geradeaus durch Schonungen und Wald. Hier wie auf dem ganzen Weg kann man im Sommer immer wieder Himbeeren, Blaubeeren, Preiselbeeren und vereinzelt auch Walderdbeeren pflücken. Nach 700 Metern weitet sich der Weg zu einem Platz, und wir nehmen den rechten Weg, der jetzt durch die typischen småländischen Weiden führt: von Steinmäuerchen oder Holzzäunen eingefasste Wiesen, voll mit Felsblöcken und vereinzelten Birken, Eichen und Wacholderbüschen. Diese Kulturlandschaft ihrer Kindheit hat Astrid Lindgren geliebt und in ihren Büchern verewigt.

Nach wenigen hundert Metern ist der Hof **Nybble** erreicht. Er gehörte früher zum Pfarrhof von Näs, hier wohnte der Hilfsprediger mit seiner Familie. Als Kind muss Astrid Lindgren öfter hier gewesen sein, sowohl die Bullerbü-Ge-

schichten als auch einzelne Episoden aus den Madita-Büchern könnten sich hier abgespielt haben. Die Autorin war auch gut mit dem Bauern befreundet, der später hier gelebt hat. Die heutige Besitzerin ist eine Stockholmerin, in deren ehemaligen „Wandererheim" während der Saison jetzt Schauspieler von „Astrid Lindgrens Welt" wohnen. Sie erzählt uns, dass sie es genießt, wenn die Künstler nach getaner Arbeit hier weitersingen.

Der Weg führt mitten durch den Hof weiter. Nach 600 Metern ist der Ortsrand von Vimmerby erreicht. Die Gemeinde wird hier in den kommenden Jahren weitere Grundstücke zum Bebauen freigeben, man darf auf die Veränderung gespannt sein. Der **Ortsteil Kohagen** (Kuhweide) ist heute schon bis auf ein kleines Stück mit lauter Einfamilienhäusern bebaut. Von Nybble kommend geht es geradeaus einen Rad- und Fußweg weiter, der sich durch das Viertel schlängelt, ohne eine Straße zu queren. Links befindet sich ein kleiner Spielplatz, nach einer Rechtskurve liegt rechts eine Fußballwiese, an deren Ende wir links abbiegen. Rechter Hand hinter den Bäumen liegt jetzt ein Stück der ursprünglichen **Kuhweide.** Als hier in den 1970er-Jahren gebaut werden sollte, mischte sich Astrid Lindgren in die Lokalpolitik ein, um wenigstens einen kleinen Teil des „kohagen" zu erhalten.

⌃ Das Wohnhaus von Nybble Gård

‹ Wildromantisch: die verfallene Mühle am Bach Segelbäcken

Ihr Protest war zunächst erfolgreich, doch hat man vergessen, dass zu einem „kohagen“ auch Kühe gehören: Das Gelände ist wild überwuchert und ähnelt immer weniger einer typisch schwedischen Weide.

Der Radweg mündet in einen großen Kreisverkehr. Schräg rechts gegenüber fahren wir in die **Prästgårdsgatan.** Nach 300 Metern liegt auf der linken Seite **Näs,** der Ort, an dem Samuel August und Hanna ihr langes Eheleben lebten und an dem Astrid mit ihren Geschwistern aufwuchs (→ Kapitel 1 „Näs“). Nach weiteren 500 Metern entlang der Prästgårdsgatan geht es rechts hinunter in die Vimmerby allén, die nach wie vor ihrem alten Namen „Industrigatan“ mehr entspricht als einer Allee. Der Radweg befindet sich auf der linken Seite.

Auch den Ortskern von Vimmerby selbst, in dem sich einige Szenen von Samuel Augusts und Hannas Liebesgeschichte abspielten, lassen wir links liegen, er ist im Kapitel 3 „Vimmerby“ genauer beschrieben.

Vorbei an zwei Kreisverkehren (am ersten ist die Abzweigung zu Astrid Lindgrens Welt) geht es immer geradeaus weiter. Nach einem Kilometer wird die Bahnlinie überquert, nach weiteren knapp 300 Metern wendet sich der Radweg zur Ringstraße hin, wir überqueren sie und fahren unter der Schnellstraße durch, parallel zur Straße Richtung Rumskulla.

Auf einer kleinen Brücke geht es über den Stångån in den Ortsteil **Åbro** mit der gleichnamigen Bierbrauerei. Hier endet der Radweg, die Straße macht eine Rechtskurve und steigt leicht bergan. Nach 200 Metern biegen wir links in den Hermansborgsvägen. Wenn geradeaus das fast zugewachsene Sackgassenschild steht, geht es ohne Straßenschild wieder links. Linker Hand hat man jetzt über die Dächer der Brauerei hinweg einen kurzen Blick auf den Ortskern von Vimmerby mit seiner Kirche. Nach einer Rechtskurve, am Sportplatz vorbei, hat man Vimmerby endgültig hinter sich gelassen.

Der nächste Ort, **Skillingarum,** ist bereits zu sehen. Man sieht dem hübschen Dorf nicht an, dass es als Kreuzung von Königs- und Handelswegen, als Thingplatz und Richtstätte vom 14. bis ins 19. Jahrhundert hinein Bedeutung hatte und in dieser Funktion erst spät von Vimmerby abgelöst wurde.

Wir fahren geradeaus durch den Ort und mit einer Rechtskurve hinunter zur Hauptstraße, an der es links Richtung Rumskulla weitergeht. Auf der Hauptstraße geht es zweimal kräftig bergauf, beim zweiten Anstieg weist ein Schild Richtung **Gebo.** Wir bleiben aber auf der Hauptstraße und lassen auch den Wegweiser nach Algutstorp links liegen. In Gebo hatte übrigens Samuel August bei einem Hochzeitsfest zum ersten Mal Gelegenheit, sich länger mit seiner Hanna zu unterhalten, die er bis dahin immer nur aus der Ferne anbeten konnte – *„und er schwamm in einem Meer von Glückseligkeit“.*

Nach 3,8 Kilometern von Skillingarum aus geht es eine geteerte Straße nach links in Richtung **Björnebro** überwiegend bergab. Nach 2,2 Kilometern, in Sichtweite einer Brücke, muss man den Schwung abbremsen, ein sehr kleiner, etwas verwaschener Wegweiser zeigt rechts zum See Försjön. Wir folgen der Schotterstraße an einigen Häusern vorbei und kommen später an einem etwas versteckten Haus mit der Aufschrift **„Djurstorp“** vorbei. Kurz danach nehmen wir an der Gabelung ohne Wegweiser den linken, unteren Weg.

Nach etwa 900 Metern geht es links und kurz danach über eine Brücke, unter der träge und moorig der Fluss Stångån vorbeifließt – derselbe Fluss, über den die Route bereits von Vimmerby nach Åbro führte. Nach weiteren 300 Metern ist dann der **Försjön** erreicht, wunderschön gelegen, mit Bade- und Picknickplatz. Hier kann man sich erfrischen und neue Kräfte für den nächsten Wegabschnitt sammeln.

Geradeaus geht es etwas oberhalb des Sees am Nordufer entlang. Am Ende des Sees beginnt der Weg anzusteigen, zunächst flach, dann steiler, sodass man schieben muss, will man nicht arg ins Schwitzen kommen. Doch nach einer guten Viertelstunde ist die Steigung geschafft. Rechts im Wald versteckt sich ein rotes Haus, an dessen Zufahrt der Weg eine Linkskurve macht. Vom Picknickplatz aus nach 2,2 Kilometern ist eine weitere Gabelung erreicht. Wir nehmen nicht den „Mellanvägen“ nach links, sondern folgen nach rechts dem schnurgeraden Weg, zunächst durch Wald, dann auf einer Allee durch Wiesen und Weiden, bis nach 1,4 Kilometern **Mossebo Gästhem** erreicht ist. Hier, bei der Majorin Amalia Drangel auf Mossebo, war Hanna in Stellung, als sie schon längst mit ihrem Samuel August verlobt war. Sie sollte lernen, die perfekte Bauersfrau zu werden, die sie schließlich auch zeit ihres Lebens war. Jetzt aber sehnte sie sich offensichtlich nach einem Ende der langen Wartezeit. Jedenfalls schrieb sie: *„Ich komme mir*

☐ Der Försjön bietet herrliche Sonnen- und Badeplätze

032bu ws

309bu ws

Der hölzerne Glockenturm von Pelarne

Zu den Familientreffen, auf Schwedisch „släktkalas", traf man sich in Pelarnehult

vor, als wäre ich in einem großen Schrank eingesperrt." Hier gab es ein Café, in dem man essen und nachmittags das kleine Museum besichtigen konnte, das die üppige Wohnungseinrichtung eines Gutes vom Beginn des 20. Jahrhunderts zeigte. Bei unserem jüngsten Besuch war aber leider alles geschlossen; ob es einen Nachfolger für das Gästhem gibt, war bis zum Redaktionsschluss noch nicht abzusehen.

Bis zum großen „Riksväg Nr. 40" Mariannelund – Vimmerby sind es nur 400 Meter, auf dem „Riksväg" fahren wir links, bis es nach 900 Metern gut ausgeschildert rechts Richtung **„Pelarne kyrka"** (Kirche) geht. Nach einem halben Kilometer geht es nach dem Ortsschild von Pelarne links hinauf zur Kirche mit ihrem schönen, freistehenden hölzernen Glockenturm. Sie gilt als älteste noch benutzte Holzkirche Schwedens und ist auf alle Fälle einen Besuch wert. Für die besonders schöne Innenausstattung gibt es auf Knopfdruck eine deutsche Beschreibung.

Hier fand nicht nur im Sommer 1905 die Hochzeit von Samuel August und Hanna statt, hier hatte sich Propst Blidberg gut zehn Jahre zuvor auch nach seinem zukünftigen Pächter für Näs erkundigt. Und Hannas Vater, Jonas Petter Jonsson von Hult, legte ein gutes Wort für Samuel Augusts Vater, Samuel Johan Eriksson, ein, ohne zu wissen, dass er damit den Vater seines zukünftigen Schwiegersohns unterstützte. (Mit dem Umzug nach Näs veränderte dann übrigens die Familie Eriksson ihren Namen zu Ericsson.)

Im damaligen Gemeindehaus bei der Kirche begann die Liebesgeschichte zwischen Astrid Lindgrens Eltern, als 1888 der dreizehnjährige Samuel August während der Repetitionsprüfung *„seine Blicke auf einem Mädchen ruhen ließ, das dicht neben dem eisernen Ofen saß. Es war die mit den Stirnfransen, die alle Fragen so gut beantworten konnte. Hanna hieß sie, neun Jahre war sie alt und stammte aus Hult. Hanna in Hult, in sie verguckte sich Samuel August.*"

Vom Parkplatz vor der Kirche geht es die kleine Schotterstraße „Körsbärsvägen" in Richtung Friedhof (kyrkogård) weiter bergauf. Hier ist das Grab von Hannas Eltern Lovisa und Jonas Petter Jonsson zu finden.

Eine Rechtskurve führt hinunter zur Hauptstraße. Dort geht es links weiter nach Sevedstorp. Ein Abstecher geradeaus den Berg hinauf und dann rechts führt zum Hof **Pelarnehult,** der wunderschön oberhalb des Sees Mossjön gelegen ist. Hier ist Hanna aufgewachsen. Auf diesem Hof, dessen Wohnhäuser sich um einen Baum mit Schaukel gruppieren, fanden viele Familienfeste statt, so wie sie von Astrid Lindgren etwa bei Michel oder in den Bullerbü-Büchern beschrieben werden. Hier stand Großmutter Lovisa („Lovisa mit den sanften Händen", die den Frauen bei den Geburten half) und begrüßte gerührt ihre Enkelkinder. „*Und dann fügte sie geschwind hinzu, dass wir auf gar keinen Fall zum See hinunter dürften, denn das könne nur damit enden, dass wir ertränken. Und fast genauso geschwind waren wir unten am See, kamen aber dennoch stets nicht ertrunken zurück*", ist in Astrid Lindgrens Erinnerungen dazu zu lesen. Der kleine Hof ist heute noch in Familienbesitz, man sollte keinesfalls mit dem Auto hinauffahren und das eigentliche Hofgelände nicht betreten.

Wir fahren die Hauptstraße Richtung Sevedstorp weiter. Rechts liegt der **Mossjön,** allerdings nur zu ahnen. Gut 50 Meter hinter zwei kurzen Leitplanken geht ein Pfad nach rechts ab, der durch einen jungen Wald zu einem Platz zum Baden und Picknicken führt. Er ist zwar nicht ausgeschildert, vom Schild „badplats" ist nur noch die Metallstange zu sehen, aber doch zu finden, wenn man gleich hinter den Leitplanken Ausschau hält. Vom Ufer aus

sieht man mehrere kleinere Inseln, von denen eine, Lommetuva, literarische Berühmtheit erlangte. Es handelt sich um die unbewohnte Insel, auf der Pippi, Thomas und Annika Schiffbruch erlitten. „*Gerade brach die Sonne durch die Wolken und warf einen freundlichen Schein über das helle Vorsommergrün. ‚Wahrhaftig', sagte Pippi, ‚das ist eine der nettesten unbewohnten Inseln, die ich je gesehen habe.*'" Jedenfalls wird hier eine Flaschenpost der besonderen Art ins Wasser geworfen, die während unserer Sommerurlaube immer wieder als Zitat auftaucht: „*Rettet uns, bevor wir untergehen! Seit zwei Tagen ohne Schnupftabak, verschmachten wir auf dieser Insel.*"

Kein Sandstrand, aber schönes Wasser und småländische Idylle: der Badeplatz am Mossjön hinter Pelarne

Nach unserer Pause fahren wir am Gehöft Fasnefall vorbei und haben von „Pelarne kyrka" aus nach 4,2 Kilometern **Sevedstorp** erreicht. Wären wir noch weitergefahren, hätten wir auch Hamphorva sehen können, wo Samuel August als Sohn bitterarmer Bauern zur Welt gekommen ist. Seine Tochter Stina dagegen gab später einmal einer freundlichen Dame patzig zur Antwort: „*Ich bin kein Frollein. Ich bin nur 'ne reiche Bauerstochter.*"

Wir aber sind an unserem Ziel angekommen: Sevedstorp, auch genannt Bullerbü. Dies ist der Ort, an dem Samuel August aufgewachsen ist und der im August 1894 das Ziel seines langen, beschwerlichen Fußmarsches war.

Praktische Hinweise

Information

Für diese Radtour empfiehlt sich: **Erst lesen, dann radeln!** Wer die Geschichte von Hanna und Samuel August kennt, wird unterwegs viele Namen und Orte als alte Bekannte begrüßen. Wer „Das entschwundene Land" noch nicht besitzt, hat unterwegs in der Boa oder im Museumsshop von Näs Gelegenheit, auch die deutsche Ausgabe zu erwerben.

Dauer: Die Tour ist nichts für Langstreckenradler, sie ist sehr kleinteilig beschrieben; mit vielen Pausen sind die rund 25 Kilometer durchaus in fünf Stunden zu bewältigen. Kräftige Schulkinder können die Strecke eventuell allein schaffen (es geht allerdings des Öfteren bergauf), für kleinere Kinder kann man einen Anhänger einplanen. Es sollte nur bedacht werden, dass die beschriebene Route zwar landschaftlich sehr schön, in Sachen Astrid Lindgren aber eher etwas für Kenner als für Kinder ist. Anders als in Näs, Bullerbü oder Katthult gibt es keine konkreten Schauplätze, und es geht eher um die Geschichte der Eltern als um die Kinderbücher.

Rückfahrt: Start und Ziel der Tour sind öffentlich mit Radtransport kaum zu erreichen. Wer nach Vimmerby zurückfahren will, kann den gleichen Weg mit einer Variante wählen: Wenn man von Pelarne aus den Riksväg 40 erreicht, nicht links, sondern rechts Richtung Vimmerby fahren und nach 1,2 Kilometern links dem Wegweiser „Djurstorp" folgen. Diese Straße trifft nach 1,7 Kilometern bei Björnebro wieder auf die eigentliche Route, der man in umgekehrter Richtung nach Vimmerby folgen kann.

Fahrradverleih und geführte Touren

1 Motorsport i Vimmerby AB, Sevedegatan 5, 59837 Vimmerby (→ Karte S. 52) Tel. 0492/13460, www.motorsport.se, Mo–Fr 8–18, Sa 10–14 Uhr. Preisbeispiele: Fahrrad (inkl. Helm) pro Tag 150 SEK, pro Woche 630 SEK, E-Bike/Elcykel pro Tag 450 SEK, pro Woche 1890 SEK, Anhänger pro Tag 100 SEK, pro Woche 380 SEK, Kindersitz pro Tag 50 SEK, jeden weiteren Tag 20 SEK. Auch englischsprachiges Personal. Vom Motorsport nach Vennebjörke mit dem Fahrrad etwa 20 Minuten. Man sollte die ausgeliehenen Fahrräder vor dem Start sorgfältig auf ihre Fahrtüchtigkeit prüfen.

3 Alternativ kann man Fahrräder beim Filmmuseum in Mariannelund ausleihen: Filmbyn Småland, Spillhammarvägen 4, cyklaifilmlandskapetsmaland.se, Preise pro Tag: Fahrrad inklusive Helm, Karte und Tourinformation 390 SEK, Kinder (bis 15 J.) 190 SEK, E-Bike 550 SEK. Carina Enqvist und Carina Eldåker liefern zu ihren Fahrrädern viele Informationen und bieten auch eine geführte Tour an (→ Kapitel 7 „Filmmuseum").

Öffnungszeiten

Pelarne kyrka: offen Juni bis August tägl. 10–16 Uhr

Museum Mossebo: Es ist ungewiss, ob und wann das Museum wieder öffnet.

Essen und Übernachten

Mossebo Gästhem: Das Anwesen, das neben einem Restaurant auch Übernachtungen bot, steht zum Verkauf. Noch ist unklar, ob und wann es wieder eröffnet wird.

9 Vandrarhem Körsbärskullen: Körsbärsvägen 9, 598 91 Vimmerby, www.körsbärskullen.se/vandrarhem. Gegenüber vom Friedhof in Pelarne liegt das Begegnungszentrum mit angegliederter Jugendherberge.

Weitere Ess- und Übernachtungsmöglichkeiten
→ Kapitel 3 „Vimmerby" und Kapitel 5 „Sevedstorp".

3

Die kleine, kleine Stadt

Rundgang durch Vimmerby

» Schauplatz der Lindgren-Geschichten
ist oft eine kleine, beschauliche Stadt.
Pippi und Madita,
Kalle Blomquist und Lotta machen
deren ruhige Gassen zu ihrem Spielplatz.
Vorbild für all diese Städtchen
ohne Namen ist zweifellos Vimmerby.
Wer als Tourist hierherkommt,
reist auf Spuren der Autorin.

Das rote Haus, in dem Anne-Marie Ingeström wohnte, das Vorbild für Madita

Astrid Lindgren schreibt:

„In dieser Stadt gibt es nur eine Straße und eine Querstraße pflegte Bäckermeister Lisander zu den Leuten zu sagen, die aus einer anderen Gegend zu Besuch hierher kamen. Und der Bäckermeister hatte Recht. Hauptstraße und Kleine Straße, das war alles, was es gab – und den Großen Markt natürlich. Der Rest waren winzige kopfsteingepflasterte, bucklige Gassen und Straßenstummel, die zum Fluss hinunterführten oder auch ganz plötzlich aufhörten vor einem baufälligen alten Haus, das mit dem Recht des Alters dort stand und den Weg versperrte und sich eigensinnig jeder modernen Stadtplanung widersetzte. Gewiss fand sich am Rande der Stadt die eine oder andere moderne Villa in einem schön gepflegten Garten; aber das waren Ausnahmen. Die meisten Gärten waren wie der des Bäckermeisters: wild gewachsen mit alten knorrigen Apfel- und Birnbäumen und verwilderten Grasflächen, die nie geschnitten wurden. Auch die Häuser ähnelten meist dem des Bäckermeisters: große Holzkästen, die ein Baumeister längst vergangener Zeiten in wildem Schönheitsrausch mit ganz unerwarteten Vorsprüngen, Türmchen und Zinnen geschmückt hatte. Eine schöne Stadt war es also, streng genommen, nicht, aber sie hatte die altväterliche gemütliche Ruhe."

Aus „Kalle Blomquist lebt gefährlich"

⊻ Ganz so altväterlich gemütlich geht es heute in der Hauptstraße nicht mehr zu

311bu ws

Astrid-Lindgren-Lesern ist der hier beschriebene Ort ziemlich vertraut. Er steht für das beschauliche Städtchen, in dem sich die meisten Menschen kennen und in dem Kinder wilde und verwegene Spiele spielen können. Bei Pippi Langstrumpf etwa heißt er die „kleine, kleine Stadt“. In den drei Bänden von „Kalle Blomquist“ schleichen die Weißen und die Roten Rosen durch die Gassen Kleinköpings. Und die beiden Freunde Rasmus und Pontus machen die Straßen Västanviks unsicher. Maditas Birkenlund und Lottas Krachmacherstraße sind, wenn auch in unterschiedlichen Epochen, Teile einer Kleinstadt. Keiner der Schauplätze entspricht exakt Vimmerby, aber allen hat die Autorin Züge ihres Heimatortes verliehen.

Heute ist Vimmerby allerhöchstens in der Nebensaison oder im Winter beschaulich, denn im Sommer tummeln sich hier die Touristen, die eigentlich gekommen sind, um den großen Freizeitpark „Astrid Lindgrens Welt“ zu besuchen. Die meisten von ihnen machen auch einen Abstecher in die Innenstadt, und so kommen im Jahr auf gut 8000 Einwohner bis zu 500.000 Reisende. Der Großteil von ihnen besucht Vimmerby in den Monaten Juli und August.

GPS↓ Ein Rundgang durch die Stadt auf den Spuren Astrid Lindgrens sollte eigentlich in **Näs (1–6)** beginnen, dem Geburtsort, dem die Autorin zeit ihres Lebens liebevoll verbunden blieb (→ Kapitel 1 „Näs“). Wer gut zu Fuß ist, der kann also von dort die Prästgårdsgatan in Richtung Ortszentrum entlanggehen und sich somit auf Astrids Schulweg begeben; wer weniger Zeit hat, nimmt das Auto und stellt es auf einem der zahlreichen Parkplätze in der Stadt ab.

Die hier beschriebene Strecke ist zwar nicht lang, kann aber für jüngere Kinder etwas langweilig sein. Sie sind vielleicht enttäuscht, wenn der Bonbonladen keine Süßigkeiten mehr verkauft.

Stadteinwärts ist nach einer leichten Rechtskurve das Haus Nummer 13 mit dem Namen **Tuvelyckan (7)**, ein rotes Haus mit Walmdach, zu sehen. Hier lebte Anne-Marie Ingeström, spätere Fries. Sie war Astrids „bästis“, wie die beste Freundin auf Schwedisch heißt. Astrid lernte die gleichaltrige Bankierstochter als Siebenjährige kennen, und die Spiele der beiden fantasiebegabten Mädchen müssen sehr viel Spaß gemacht haben. Anne-Marie gilt als das Vorbild für **Madita**, aber natürlich steckt in dieser Figur eines aufgeweckten, lebenslustigen Mädchens viel von der Autorin selbst. Die Freundin arbeitete später in dem gleichen Verlag, Rabén & Sjögren in Stockholm, in dem Astrid Lindgren als Lektorin angestellt war, und so blieben die beiden bis ins hohe Alter Freundinnen.

Gleich nach Anne-Maries Haus kam die große Wiese, auf der in Astrids Kinderzeit der Viehmarkt abgehalten wurde, für den Vimmerby berühmt war. Heute ist aber davon nichts mehr zu sehen. Der småländische Schriftsteller Albert Engström, auch er in dieser Gegend geboren, hat einmal erklärt, woher seiner Meinung nach der Name Vimmerby kommt: „Vi märrabytare“ heißt ganz einfach „Wir, die wir Pferde tauschen“.

Der Markt von Vimmerby war das wichtigste Ereignis im Kalender der Stadt, und in „Michel muss mehr Männchen machen“ ist nachzulesen, weshalb:

Vimmerby, Stadtzentrum

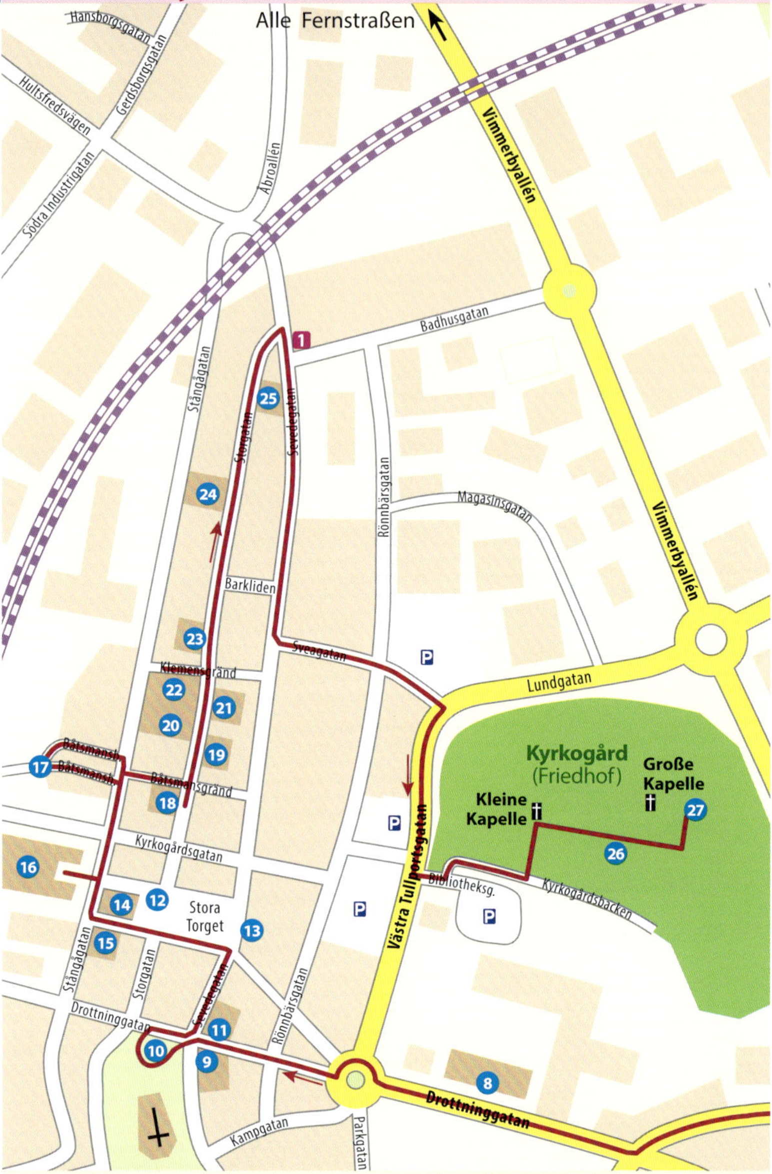

1 Näs Rotes Haus (Geburtshaus)
2 Näs Gelbes Haus
3 Näs Boa
4 Näs Pfarrhof
5 Limonadenbaum
6 Näs Ausstellungspavillon
7 Haus von Anne-Marie Fries (Madita)
8 Vimmerby Gymnasium
9 Ehemalige Grundschule
10 Traueresche vor der Kirche
11 Museum Näktergalen
12 Lindgren-Denkmal
13 Stadthotel
14 Altes Rathaus mit Touristeninformation
15 Ehemalige Apotheke

16 Rathaus, Bibliothek
17 Båtsmansbacken
18 Pippis Bonbonladen
19 Ehemaliges Café Royal
20 Ehemalige Druckerei
21 Komedianten
22 Drehort für Michels Arztbesuch
23 Ehemaliger Sitz der Vimmerby Tidning
24 Adresse Kalle Blomquists
25 Hof des Bürgermeisters
26 Grab der Brüder Phalén
27 Astrid Lindgrens Familiengrab

Rundgang

Übernachtung
2 Oxgården
3 Feriendorf Astrid Lindgrens Welt

Aktivitäten
1 Fahrradverleih Motorsport i Vimmerby AB

„An jedem letzten Mittwoch im Oktober war Jahrmarkt in Vimmerby und da war etwas los in dieser Stadt, vom frühen Morgen bis zum späten Abend, das kann ich versichern. Alle Menschen aus Lönneberga und den anderen Gemeinden fuhren dorthin, um Ochsen und Kühe zu verkaufen oder zu kaufen, um Pferde zu tauschen und um Leute zu treffen und um sich einen Bräutigam zu besorgen und um Zuckerstangen zu lutschen und um Polka zu tanzen und um sich zu prügeln und um seinen Spaß zu haben – jeder auf seine Weise. Einmal hatte Michels Mama Lina gefragt, ob sie die großen Feiertage des Jahres aufzählen könne, denn sie wollte wissen, wie schlau Lina war. ‚Ja, das dürften Weihnachten und Ostern sein und dann der Jahrmarkt in Vimmerby, glaube ich!'"

Dort, wo die Prästgårdsgatan auf die Drottninggatan trifft, beginnt ein großer Schulkomplex, das Vimmerby **Gymnasium (8).** Zu Astrid Lindgrens Schulzeit hieß es noch Statens Samskola und war die gemischte Schule, in der sie 1923 ihr Realschulexamen bestand. Das Gebäude war im Jahr ihrer Geburt errichtet worden und beherbergte – höchst modern – Mädchen und Jungen gleichermaßen. Noch heute sind die schönen Worte „Gottesfurcht, Ordnung und Fleiß" im Portal des Hauptgebäudes zu lesen. Heute ist hier neben der staatlichen Schule die Kulturskolan untergebracht, ein Kulturzentrum, in dem Kinder und Jugendliche die Möglichkeit haben, sich mit Musik, Tanz, Film, Theater oder Rhythmik zu beschäftigen.

⌃ Leider schafft es die Stadt nicht, die Traueresche angemessen zu pflegen

Etwas oberhalb in der Drottninggatan, an der Ecke zum Kirchplatz, wo der eigentliche Stadtrundgang beginnt, lag die **Småskolan (9).** Diese Grundschule hat Astrid Lindgren vermutlich ebenfalls besucht. Heute ist das unscheinbare Gebäude eine Pizzeria, nichts erinnert mehr an eine Schule aus den Anfängen des 20. Jahrhunderts. Die heutige Astrid-Lindgren-Schule in Vimmerby hat dagegen mit der Kinderzeit der Autorin nichts zu tun.

Auf dem Platz vor der Kirche stehen wir an einem ganz entscheidenden Ort für Astrids Leben: Hier stand eine **Traueresche (10),** und auf einer Bank unter dieser Traueresche saßen im Frühjahr 1903 Samuel August Eriksson und Hanna Jonsson, die später die Eltern Astrid Lindgrens wurden. Erst im allerletzten Moment rückte Samuel August mit der entscheidenden Frage heraus, und am 30. Juni 1905 heirateten die beiden. Was wäre aus der Kinderliteratur geworden, hätte Samuel August an diesem Tag nicht gewagt, seine „kleine Inniggeliebte“ um ihre Hand zu bitten. Wer diese wunderschöne Liebesgeschichte miterleben möchte, sollte „Das entschwundene Land“ zur Hand nehmen, das Buch, mit dem Astrid Lindgren ihren Eltern und ihrer Kindheit ein anrührendes literarisches Denkmal setzte (→ Kapitel 2 „Samuel August“). Eigentlich war vorgesehen, dass sich Vimmerby-Besucher hier auf eine Bank unter eine neu gepflanzte „hängask“ setzen und nachlesen, wie es zum ersten schüchternen Kuss zwischen den Eltern der Autorin kam. Eigentlich eine schöne Idee, den Platz zu neuem Leben zu erwecken, an dem Samuel August „der Stern der Hoffnung aufging“. Doch der Baum wirkt seit längerem schon sehr vernachlässigt, und die trockenen Sommer machen aus dem gut gemeinten Vorhaben eher ein Trauerspiel.

In der Nähe des Kirchplatzes liegt der Häuserkomplex **Näktergalen (11).** Bereits in den 1960er-Jahren gab es hier wie in vielen anderen Städten auch verschiedene Pläne, alte Häuser abzureißen und durch moderne Bauten zu ersetzen. Dabei ist in den folgenden Jahrzehnten so manches Kleinod für immer verschwunden.

In einigen Fällen jedoch konnten sich die Denkmalschützer, die sich Anfang der 1990er-Jahre in einem Verein „Bevara Vimmerby“ zusammengeschlossen hatten, durchsetzen und die historischen Gebäude, die zum Teil mit alten Wandmalereien geschmückt sind, vor dem Abriss retten. Nicht zuletzt durch Astrid Lindgrens Hilfe, die sich von Stockholm aus in die Debatte einmischte und im entscheidenden Moment mit einer Spende von 250.000 Kronen aushalf. Im Museum gegenüber der Kirche kann man sich das Resultat der Bemühungen ansehen.

Von der Drottninggatan geht es westlich auf den Großen Platz, den **Stora Torget.** In fast jeder schwedischen Stadt gibt es ihn, diesen Großen Platz, und in vielen Astrid-Lindgren-Büchern spielt er eine Rolle. Hier kaufte Anton Svensson Zuckerstangen für Michel und Klein-Ida. Lina führte ihren Alfred vor dem Goldschmiedeladen auf und ab in der Hoffnung auf einen Verlobungsring. Maditas Freund Abbe verkaufte hier seine Zuckerkringel. Doktor Berglund suchte nach der Erbse in Lisabets Nase, und diese freche kleine Göre sagte „Affenpopo“ zur Bürgermeistersfrau.

312bu ws

Keiner dieser Schauplätze ist verbürgt, man kann auf kein Haus deuten und sagen „Dort ist es passiert" – und dennoch ahnt man, dass es sich nur hier abgespielt haben kann.

Der Hauptplatz Vimmerbys ist heute ebenso von Autos befahren wie die gesamte Innenstadt. Nur in der Hauptsaison wird der Platz zum **„Sommartorget"** („Sommerplatz"), er ist dann für Autos gesperrt. *„Man hatte eine Chance, das dauerhaft zu ändern"*, merkt Jens Fellke, Journalist der „Vimmerby Tidning", kritisch an. Er ist Herausgeber eines Buches über Astrid Lindgren und ihren Geburtsort: „Der Rebell von Vimmerby. Über Astrid Lindgren und ihre Heimatstadt" (Vimmerby 2002). Die Arbeit daran teilte er sich unter anderem mit seiner Kollegin Rebecca Forsgren Malmström von der gleichen Zeitung und mit seiner Frau Helena Egerlid, ebenfalls Journalistin.

Wir haben uns mit Jens Fellke und Rebecca Forsgren Malmström zu einem kleinen Rundgang durch Vimmerby verabredet, und nun stehen wir auf dem Stora Torget, inmitten parkender Autos, und erhalten einen kleinen Einblick in die Stadtpolitik. Die beiden berichten von der zum Teil heftig geführten Diskussion um ein geplantes **Lindgren-Denkmal.** Es wurde ein Wettbewerb ausgeschrieben, und eine Findungskommission, der auch Astrid Lindgrens Tochter Karin und Schwiegersohn Carl Olof Nyman angehörten, hatte zwischen

Die drei Höfe von Bullerby als Spielhäuschen auf dem Sommartorget

Das Denkmal auf dem Stora Torget: Astrid Lindgren an der Schreibmaschine

vier künstlerischen Entwürfen zu wählen. Alle vier vertraten eine moderne, abstrakte Kunstform, denn Astrid Lindgren selbst hatte immer gesagt, sie wolle nicht irgendwo als Standbild herumstehen, und so setzte sich die Familie für ein Denkmal ein, das mehr die Idee ihrer Bücher als ihre Person widerspiegeln sollte.

Das von der Findungskommission gewählte Kunstwerk war die „Quelle Astrid" von Berit Lindfelt, die heute auf dem Gelände des Prästgården steht (→ Kapitel 1 „Näs"). Denn die Bevölkerung, allen voran der Verein „Bevara Vimmerby", war mit diesem Entwurf keinesfalls zufrieden: Es gab eine Protestliste mit 8000 Unterschriften. Da die Familie der Meinung war, man müsse den Wunsch der Einwohner respektieren, kam die „Quelle" nach Näs, und für die Stadt wurde nach einer anderen Möglichkeit gesucht.

„Damit war die Chance vertan, die Autos vom Stora Torget fernzuhalten", bedauert der Journalist Jens Fellke. Abgesehen von diesem verkehrspolitischen Manko erscheint die jetzige Lösung aber als ein gelungener Kompromiss.

Das **Denkmal (12)** von Marie-Louise Ekman (1944 in Stockholm geboren) zeigt ein Ensemble aus Bronze: Astrid Lindgren in einem Zimmer mit zwei offenen Wänden. Sie sitzt an einem Schreibtisch, die Schreibmaschine vor ihr ist offensichtlich gerade in Benutzung – und man möchte ihr gerne über die Schulter sehen, um zu erfahren, welcher Text hier entsteht. Als Modell diente übrigens Tochter Karin Nyman, die ihrer Mutter wirklich sehr ähnlich sieht.

Bei unserem Besuch steht auf dem Bronzetisch eine Vase mit frischen Blu-

313bu ws

men, eine Besucherin lugt neugierig durch ein Fenster, während Kinder ohne jede Scheu an die Astrid-Lindgren-Figur herantreten, die im Übrigen sehr lebensecht gestaltet ist – passender, als so manches andere Werk, will uns scheinen. Diese Skulptur auf dem Hauptplatz der „kleinen, kleinen Stadt" ist kein Denkmal, wie die Autorin selber es ja auch ablehnte, es ist eine für Kinder wie für Erwachsene gleichermaßen faszinierende Erinnerung. Es lädt zum Näherkommen ein, auf dem Bronzestuhl vor ihrem Schreibtisch dürfen die Besucher ungeniert und auf Augenhöhe Platz nehmen. Ein Gedanke, der Astrid Lindgren in ihrer Verbundenheit mit den Lesern sicher gut gefallen hätte.

Auf der gegenüberliegenden Seite des großen Platzes ist das **Stadthotel (13)** mit seiner schönen Fassade zu sehen, das wir natürlich mit Madita in Verbindung bringen. Hier tanzte das Dienstmädchen Alva, zum Entsetzen der Honoratioren der Stadt, auf dem traditionellen Herbstball mit dem Schornsteinfeger. Eine Szene, in der Astrid Lindgrens rebellische und sozial denkende Art am deutlichsten zum Vorschein kommt, wie übrigens im gesamten Madita-Buch, das man durchaus auch politisch verstehen kann. In der Erzählung findet der Ball im Pavillon des Hotelgartens statt, den es lange schon nicht mehr gibt. In Göran Graffmans ausgezeichnetem Film (1979), der unter anderem in Söderköping und im Studio gedreht wurde, ähnelt die Veranda des Hotels dem in Vimmerby. Hier war wohl auch die Autorin selbst des Öfteren tanzen. „*Sie war eine lebenslustige Person*", erzählt die Journalistin Rebecca Forsgren Malmström, „*sie hat als Jugendliche gerne getanzt.*" Man kann sich das gut vorstellen: Es war die Zeit des Jazz, und Astrid, die Rebellin, die sich als Erstes Mädchen der Stadt die Haare kurz schneiden ließ, war natürlich dabei. Zugleich aber war sie auch traurig, als sie als Teenager entdecken musste, dass sie nicht mehr so wie früher spielen konnte.

Wir gehen nun am alten Rathaus auf der anderen Seite des Stora Torget vorbei, in dem das **Vimmerby turisbyrå (14)** residiert, und kommen linker Hand zum Haus **Stångågatan 45 (15).** In diesem hohen Eckhaus befand sich in den 1920er-Jahren eine Apotheke, Astrid war mit der Apothekerstochter befreundet. Eines Tages, sie muss ein Teenager gewesen sein, sollte sie die dortige Feuerleine ausprobieren. „*Sie war ja bekannt dafür, dass sie mutig war und gerne kletterte*", berichtet Jens Fellke. Jedenfalls hielt die Leine nicht, Astrid fiel aus einer

[>] Das Stadthotel: Hier tanzte Alva mit dem Schornsteinfeger

[v] Vermutlich in Astrid Lindgrens Sinne: Kinder spielen an ihrem Denkmal

047bu ws

größeren Höhe herunter und landete unsanft auf der Straße. *„Sie traute sich aber nicht, es ihrer Mama und ihrem Papa zu erzählen, als sie nach Hause kam"*, berichtet Jens Fellke. Wie das aber in einer Kleinstadt so ist: Der Papa hatte schon davon gehört. Und sein einziger Kommentar war: *„Es war gut, dass du so nahe an der Apotheke heruntergefallen bist."*

Ja, Samuel August war nicht nur ein humorvoller Mann, er ließ seine Kinder auch in außergewöhnlich großer Freiheit aufwachsen. Eine Freiheit, die manchmal sogar ans Lebensgefährliche grenzte. *„Aber wir haben es überlebt"*, betonten die vier Ericsson-Kinder immer wieder, wenn sie an die Streiche ihrer Kindheit zurückdenken. Und die vielen **Kletterpartien** hielten immer wieder Einzug in die Literatur. Jens Fellke zum Beispiel hält die Apotheken-Szene für entscheidend für den Balanceakt, den die mutige und experimentierfreudige Madita ausführt: erst auf dem Schuppen (mit Regenschirm), später auf dem Schuldach. Schließlich gibt es auch noch Kati, die hoch über der Stockholmer Kaptensgatan von einem Fenstersims zum anderen klettert, um einen Fleischklops vor dem Verbrennen zu retten – eine Episode, die Astrid Lindgren so ähnlich in ihrer Stockholmer Wohnung erlebt hat.

Astrid Lindgren blieb bis ins hohe Alter eine eifrige Kletterin, und es gibt eine nette Filmszene, in der sie mit ihrer Stockholmer Freundin Elsa Olenius ihre Kunst zeigt. Elsa Olenius war Leiterin der Jugendbibliothek in Stockholm und Gründerin des ersten Stockholmer Kindertheaters, also eine Mitstreiterin für die Kinder. Zu ihrem 80. Geburtstag

048bu sc

gaben die beiden Freundinnen ein sehr vergnügliches Interview im Fernsehen, bei dem sie um die Wette kletterten. *„Es steht nicht in Moses' Gesetzen, dass alte Frauen nicht auf Bäume klettern dürfen"*, war Astrid Lindgrens Kommentar dazu.

In der Stångågatan liegt schräg gegenüber auch das moderne **Rathaus (16)**, das eine sehr gute Bibliothek beherbergt. Von hier aus gehen wir die Stångågatan über den Hügel weiter und biegen unten nach links in eine kleine Gasse namens **Båtsmansbacken (17)** ein. Hier kann man sich vorstellen, wie Kalle Blomquist und die Weißen Rosen auf dem Kriegspfad umherschlichen und ihre gefährliche Detektivarbeit leisteten. Die niedrigen farbigen Holzhäuser sind wunderbar erhalten. *„Dies war ein pittoresker, schlecht beleumdeter Platz"*, berichtet der Stadtkenner Jens Fellke. Dort, wo früher die ärmsten Leute der Stadt

hausten, ist es heute ruhig und beschaulich – und vermutlich ist es ein teures Wohnviertel.

Nachdem wir unsere kleine Runde durch Båtsmansbacken, über eine kleine Treppe und durch Båtsmanshöjden zurück gedreht haben, wenden wir uns durch die Båtsmansgränd der Hauptstraße Vimmerbys zu, der Storgatan. Und natürlich beginnen wir unseren Rundgang durch diese Straße gleich rechts mit der Nummer 40: ein gelbes Haus namens **Hökaregården.** Dies war das Vorbild für den **Bonbonladen (18),** in dem Pippi zweimal 18 Kilo Süßigkeiten, 60 Zuckerstangen, 72 Pakete Sahnebonbons und 103 Schokoladenzigaretten kaufte: „*Da stand ein ganzer Haufen Kinder, versunken in Betrachtung der Herrlichkeiten, die sich hinter der Scheibe ausbreiteten: große Gläser, gefüllt mit roten, grünen und gelben Bonbons, lange Reihen Schokoladentafeln, ganze Berge Kaugummi und die verlockendsten Zuckerstangen – ja, es war kein Wunder, dass die Kinder, die da standen und schauten, hin und wieder tief seufzten. Denn sie hatten kein Geld, nicht mal ein kleines Fünförestück.*“

Im Spielzeugladen daneben verhilft Pippi noch jedem Kind zu einer Ku-

⌃ Båtsmannbacken: Das Revier von Kalle Blomquist und den Weißen Rosen

› Hier wurde die „Wimmerby Tidning“ gedruckt, in der Astrid Lindgren ihre ersten Texte veröffentlichte

ckuckspfeife, und dann gibt es ein Konzert, dass die ganze Hauptstraße dröhnt. Bis ein Polizist kommt und sich erkundigt, was das für ein Lärm ist. *„Das ist ‚Komm, lieber Mai, und mache ...'"*, *sagte Pippi. „Aber ich bin nicht sicher, ob alle Kinder sich darüber klar sind. Manche denken vielleicht, dass wir ‚Dröhnen wie Gewitter, Brüder' blasen."*

Das gelbe Haus hat seit Pippis Zeiten schon mehrere Verwandlungen durchgemacht, es beherbergte unter anderem einen Lebensmittelladen und ein Reformhaus, 2022 war es ein Krimskrams-Laden. Und woher weiß man so genau, dass es sich um Pippis „Karamellaffär" handelt? Nun, Astrid Lindgren selbst hat des Öfteren Besucher, Journalisten, Autoren oder Freunde durch die Stadt geführt und gesagt: „Hier war es." Im Übrigen aber mischen sich Dichtung und Wahrheit oft, und so gibt es überall Spuren zu finden, die nicht immer hundertprozentig ihren Texten entsprechen.

Schräg gegenüber vom Bonbonladen, im gelben Haus Nr. 27, befand sich zur Jahrhundertwende das **Café Royal (19),** heute als Köpmangården ausgewiesen, wo Hanna und Samuel August sich zum Teetrinken trafen. Sie tranken Tee, weil sie das für feiner hielten, doch später merkten sie, dass sie ihn beide eigentlich nicht mochten – und kehrten zur schwedischen Tradition des Kaffeetrinkens zurück. Heute ist das ehemalige Café Royal ein eher unscheinbares Haus, und man ahnt nicht, dass hier so hohe Opfer für die Liebe gebracht wurden. Es gibt übrigens an anderer Stelle wieder ein Café Royal in Vimmerby (Storgatan 42).

Ein Blick in den Hinterhof des Hauses Nr. 34 schräg gegenüber versetzt uns in die Zeit, in der Astrid Lindgren als Volontärin für die „Wimmerby Tidning" gearbeitet hat: In dem Backsteingebäude befand sich die **Druckerei (20),** und das junge Mädchen lief hier oft mit Korrekturen zwischen Druckerei und Zeitungsgebäude hin und her. *„Heute läuft niemand mehr mit Korrekturen"*, meint lächelnd der Journalist Jens Fellke, der natürlich am Computer arbeitet.

Das Haus Nummer 25 mit der Schrift **„Komedianten" (21)** im Giebel ist der ehemalige Sitz der Heilsarmee, wo sich die junge Astrid mit ihrer Volkstanzgruppe traf. Heute beherbergt es ein kleines Amateurtheater. Astrid selbst besuchte viele Theatervorstellungen im Sveasaal in der nahe gelegenen Sevedegatan, wo sie manchmal sogar selbst mitspielte, und war eine begeisterte Kinogängerin.

Wir biegen kurz links in die **Klemensgränd (22)** ab und sehen linker Hand

052bu ws

ein dunkelgelb gestrichenes Holzhaus: Hier drehten der Regisseur Olle Hellbom und sein Team, wie Michel vom Arzt kommt, nachdem er sich von der Suppenschüssel befreit hat, eine Szene, die eigentlich in Mariannelund spielt.

Zurück in der Storgatan, stehen wir vor der Nummer 30, dem ehemaligen Sitz der **„Vimmerby Tidning“ (23).** Das Schild gibt dem Gebäude den eindrucksvollen Namen **Kopparslagere Hentzells Gård.** Dass Astrid Lindgren Talent zum Schreiben hatte, war schon früh erwiesen. Bereits im Schulunterricht waren ihre Arbeiten aufgefallen, und am 7. September 1921 veröffentlichte die damalige „Wimmerby Tidning“ einen Aufsatz der Dreizehnjährigen unter dem Titel „Auf unserem Hof“, sozusagen die allererste Idee der Bullerbü-Bücher. Ihre Klassenkameraden nannten sie fortan die „Selma Lagerlöf von Vimmerby“, und Astrid beschloss, niemals Schriftstellerin zu werden ...

Auch das Realschulexamen im Frühjahr 1923 zeugt von ihrem frühen Talent und Humor: Sie schrieb über die Arbeit der Mönche und Nonnen, die Kranke pflegten, ohne dafür ein *„so unangemessenes Entgelt zu verlangen, wie es die Ärzte von heute tun“*, und über die Klosterschulen, in denen sie *„den oft halb verwilderten Kindern den Inhalt der Heiligen Schrift beizubringen versuchten“*.

Im Herbst 1924 begann das junge Mädchen als **Volontärin** bei der hiesigen Zeitung. Für einen Monatslohn von 60 Kronen machte sie Telefondienst, brachte die Korrekturen zur Druckerei und machte Notizen. Die Zeitung erschien zweimal pro Woche und enthielt sowohl lokale Neuigkeiten als auch Berichte über überregionale Ereignisse. Die meisten Artikel waren unsigniert, und so weiß man heute nicht mehr, welche von Astrid Lindgren stammen. In nahezu allen ihren Büchern aber spielen Zeitungen eine nicht unwichtige Rolle. In Bullerbü wird dem blinden Großvater vorgelesen. Michel bekommt aus der Zeitung die Idee, seiner kleinen Schwester Typhusflecke zu malen. Maditas Vater ist ein sozialkritisch schreibender Journalist, Madita selbst verfasst, als sie mit Gehirnerschütterung krank liegt,

⌃ Vimmerbys Storgatan: Hier reiht sich ein Erinnerungspunkt an den anderen

⌃ Storgatan 25, das kleine Theater „Komedianten“

053bu ws

einen Zeitungsbericht. Und im zweiten Band der Kalle-Blomquist-Trilogie gerät die kleine Eva-Lotta in Lebensgefahr, als ein unsensibler Berichterstatter sie so genau beschreibt, dass der von ihr ertappte Mörder sie leicht finden kann.

Im zweiten Sommer ihres Volontariats unternahm Astrid Lindgren mit fünf Freundinnen eine zehntägige Fußwanderung am Vätternsee entlang nach Motala und Linköping. Unter dem Titel „Auf der Walz" („På luffen") erschienen drei Reisebriefe in der „Wimmerby Tidning", geschrieben im Jargon von Teenagern. Sie berichteten von den Wanderungen, vom Bootfahren auf dem See Sommen, vom Polkagrisarlutschen (Zuckerstangenlutschen) in Gränna, vom Blick auf die Insel Visingsö und von der Besichtigung der Klosterruine in Alvastra.

Die Mädchen waren unter anderem auch auf dem Landsitz der damals berühmten Pädagogin Ellen Key, die ihre jungen Besucherinnen eher ungnädig aufnahm. Ja, ihr Hund biss eines der Mädchen sogar ins Bein. Und doch scheint dieser Besuch nachhaltigen Eindruck auf Astrid gemacht zu haben: In der Eingangshalle des Hauses findet man das Zitat „Denna dagen ett liv" („Dieser Tag ein Leben"); der beißwütige Hund war ein Bernhardiner; die Haushälterin hieß Malin – und plötzlich finden wir uns in „Ferien auf Saltkrokan" wieder. Die Autorin selbst war aber immer der Meinung, dies alles sei nur Zufall gewesen.

Der letzte Reisebrief, der in der Zeitung abgedruckt war, zeigt ganz deutlich Astrid Lindgrens **zwiespältiges Verhältnis zu ihrer Heimatstadt:** *„Liebes kleines Vimmerby, du bist eigentlich keine schlechte Stadt, in die man heimkehrt, aber Gott bewahre uns davor, hier für immer bleiben zu müssen."* Im Frühling 1926 zog sie dann auch als 18-Jährige nach Stockholm, ungewollt schwanger und mit großer finanzieller Not kämpfend. Sie brachte ihren **Sohn Lars** in Dänemark zur Welt, weil sie dort – im Gegensatz zu Schweden – nicht gezwungen war, den Namen des Vaters preiszugeben. Dieser, ihr Chef bei der „Wimmerby Tidning", war nämlich verheiratet und keinesfalls der Mann, mit dem sie ihr Leben verbringen wollte. Trotz des guten Verhältnisses zu ihren Eltern, die voll und ganz hinter ihr standen, wollte sie weg von Vimmerby, wissend, was für ein gesellschaftlicher Makel ein uneheliches Kind zu dieser Zeit noch war.

Erst nach drei äußerst schwierigen und bitterarmen Jahren, als die dänische Pflegemutter von Lars erkrankte, holte sie ihren Sohn zu sich und brachte ihn schließlich zu ihren Eltern nach Näs. *„Ja, ich bin der Ansicht, dass es eine Art Pioniertat war, als ich meinen unschuldigen Sohn in eine Kleinstadt brachte, wo man es nicht gewohnt war, dass ledige Mütter ihre Kinder als genauso große Wunder präsentierten wie alle anderen Kinder auch"*, sagte sie einmal in einem Gespräch mit ihrer Biografin Margareta Strömstedt. Jedenfalls tat ihrem Sohn der Wechsel nach Näs sehr gut, und bald hatte er sich in einen echten Småländer verwandelt.

Wir setzen unseren Weg durch die Storgatan fort und kommen zur Nummer 14: In diesem wunderhübschen Haus wohnte **Kalle Blomquist (24).** Zumindest lautet seine Adresse im fiktiven

055bu sc

Kleinköping Hauptstraße 14, und wenn man das alte Holzhaus mit seinem verwilderten Garten betrachtet, kann man sich durchaus vorstellen, dass hier der Meisterdetektiv, einen Strohhalm kauend, seine kriminalistischen Theorien vor seinem unsichtbaren Zuhörer ausbreitete. *„Aber hier kann es keinen Lebensmittelladen gegeben haben“,* meint Jens Fellke, der vermutet, dass mit der Hauptstraße eher die Sevedegatan, die unscheinbarere Parallelstraße, gemeint war. *„Und ich finde immer“,* sagt Rebecca Forsgren Malmström, *„dass die alte Druckerei unserer Zeitung aussieht, wie ich mir die Bäckerei von Vater Lisander vorgestellt habe.“* Ja, wer Astrid Lindgrens Werke kennt und liebt, der entdeckt in der eher unspektakulären Kleinstadt Vimmerby so manches Kleinod. Als wir an einem Pfingstmontag durch die Stadt liefen, lag die Straße wirklich im *„tiefsten Frieden und träumte in der Sommersonne“.*

Am unteren Ende der Storgatan (Nummer 3) liegt der **Borgmästaregården (25),** wo Michel mit seinem Pferd Lukas mitten in die Festgesellschaft des Bürgermeisters ritt und zu guter Letzt noch das gesamte Geburtstagsfeuerwerk auf einmal abbrannte, sodass die Leute meinten, der Komet sei gekommen und lege die Welt in Schutt und Asche. Wer den prächtigen Hof betrachtet, der 1884 tatsächlich für einen Bürgermeister ausgebaut wurde, hat sofort Björn Bergs Illustrationen vor Augen – und ist froh, dass dieses Gebäude nicht den unsensiblen Stadtplanern der 1960er- und -70er-Jahre zum Opfer gefallen ist. Inzwischen hat das Haus wieder die ursprünglichen Farben von 1884: ein warmes Grau mit dunkel abgesetzten Fensterrahmen.

An dieser Stelle beenden wir den Rundgang und gehen durch die Sevedegatan und die Sveagatan entlang zum etwas außerhalb des Zentrums gelegenen **Friedhof.** Auf diesem Hügel liegt Astrid Lindgren zusammen mit ihren Eltern, ihrem Bruder Gunnar und der geliebten Schwägerin Gunhild, genannt Gullan, sowie der Schwester Stina begraben. Das schlichte Grab ist nicht leicht zu finden. Es liegt, kommt man den Mittelgang von Stadtzentrum her, fast am anderen Ende, einen Gang nach der zweiten Kapelle,

Das alte Grabkreuz inspirierte Astrid Lindgren zu ihrer Geschichte über die Brüder Löwenherz

Der Bürgermeisterhof, in dem Michel und sein Pferd die Festgäste erschreckten, sieht wirklich aus wie von Björn Berg gezeichnet

am linken Abhang oberhalb des Gewerbegebietes.

Auf dem Weg zum Familiengrab kommen wir an einer anderen berühmten Grabstelle vorbei, die nach der ersten Kapelle rechter Hand des Mittelgangs liegt. Es handelt sich um ein schmiedeeisernes Kreuz, auf dem die Worte zu lesen sind: „Späda bröderna Johan Magnus och Achates Phalén, döde 1860", auf Deutsch „Die kleinen Brüder Johan Magnus und Achates Phalén, gestorben 1860". Als wir eine junge Frau, die gerade Büsche beschneidet, nach dem **Grab der Phaléns (26)** fragen, lacht sie leise: *„Ja, die Brüder Löwenherz, die liegen gleich dort drüben!"*

Ein schwarzer Briefkasten und eine Bank weisen den Weg zu **Astrid Lindgrens Grab (27).** Auf diese Bank setzen sich manchmal Besucher und halten still Zwiesprache mit der Schriftstellerin, die für alle immer ein offenes Ohr hatte. Auf dem Grab selbst liegt ein großer Naturstein, der von der Kuhweide oberhalb von Näs stammt, auf dem nur die Unterschrift der Autorin, die Lebensdaten und das Wort „Näs" zu lesen sind. Und so ist sie doch nach Vimmerby heimgekehrt. Eine erstaunliche Tatsache, bedenkt man, dass sie den Großteil ihres Lebens in der schwedischen Hauptstadt verbracht hat. Doch die Anziehungskraft des Geburtsortes Näs und der Eltern war offensichtlich stärker – und so endet alles, wo es begonnen hat.

Ein einfacher Naturstein von der Kuhweide ihres Elternhauses, so hat sich Astrid Lingren ihr Grab gewünscht

Praktische Hinweise

Information

■ **Vimmerby turistbyrå:** Rådhuset 1, 59837 Vimmerby, Tel. 0492/31010, www.vimmerby.com (auch auf Deutsch), geöffnet ca.: Jan.–Mitte Mai, Mitte Aug.–Dez. Mo–Fr 10–16 Uhr; Mitte Mai–Juni, Sept. Mo–Fr 10–17, Juli–Mitte Aug. Mo–Fr 10–18, Sa, So 10–14 Uhr

■ **Vimmerby Bibliothek:** Stadshuset, Stångågatan 28, 59837 Vimmerby, Tel. 0492/ 769094, bibliotek.vimmerby.se, geöffnet: Mo–Fr 8–16, Di bis 18 Uhr

■ **Museum Näktergalen:** Sevedegatan 43, www.vimmerby.se/naktergalen, Tel. 0492/ 769459, Eintritt 50 SEK, Studenten und Kinder 20 SEK, geöffnet Anfang Juni–Anfang Aug. Mo–Fr 12–16, Sa 11–14 Uhr, in der Nebensaison stark eingeschränkt und für Gruppen nach Vereinbarung

Anfahrt

■ **Vimmerby** liegt etwa auf halbem Wege zwischen Schwedens Südspitze und Stockholm und ist von Trelleborg oder Malmö aus in ca. vier bis fünf Autostunden zu erreichen, z. B. von Malmö auf der E22 Richtung Kristianstad/Kalmar bis ca. 20 km hinter Lund, dort auf die 23 Richtung Växjö. Auf dieser Straße fährt man vorbei an Hässleholm, Älmhult und Växjö, dann weiter auf der 23 Richtung Oskarshamn. Gut 5 km nach Åseda geht es nach Norden weiterhin auf der 23 und über Virserum nach Målilla; dort abbiegen und weiter auf der 23 an Hultsfred vorbei nach Vimmerby.

Essen und Einkaufen

■ Vimmerby hat alles, was man als Reisender so braucht. Im Zentrum gibt es viele **kleine Läden und Restaurants** (Fast Food ist oft genauso teuer wie ein Tagesgericht im Restaurant).

■ Gleich nördlich vom Zentrum auf dem Weg zu Astrid Lindgrens Welt liegen die großen **Supermärkte.**

10 Besonders zu empfehlen: **Ingebo hagar ecocafé,** schöner Hofladen mit Kunsthandwerk, nachhaltigen Lebensmitteln und Café. 5 km südlich von Vimmerby, ausgeschildert von der Straße 23 Richtung Hultsfred, → Karte S. 38

■ → Kapitel 4 „Astrid Lindgrens Welt“

Übernachten

■ Siehe auch bei den anderen Kapiteln rund um Vimmerby

1 **Lilla Sverigebyn:** Brånhult 251, 59892 Vimmerby (→ Karte S. 38), Tel. 0706/057073, sverigebyn.se (auch auf Deutsch). Schöne Unterkunft, etwa 14 Kilometer westlich von Vimmerby mit zwei Ferienhäuschen. Familien mit Kindern wissen das große Gelände mit vielen Haustieren am Waldrand zu schätzen. Übernachtung (mind. 3 Nächte) pro Wohnung/Nacht 700-1000 SEK

2 **Oxgården:** Bullerbygatan 2, 59832 Vimmerby, Tel. 0492/18870, www.oxgarden.info. Ferienwohnungen (4–12 Betten) rund um einen autofreien Hof, 4-Bett-Wohnung 2095 SEK/Nacht. Astrid Lindgrens Welt wie auch Näs sind von hier aus gut zu Fuß zu erreichen. Es gibt eine Rezeption, in der man einen Frühstückskorb bestellen kann, und ein kleines Restaurant.

10 **Ingebo hagar:** Ingebo 107, 598 91 Vimmerby, ingebohagar.com (→ Karte S. 39 und Essen/Einkaufen). Verschiedene einfache Unterkünfte für 1 bis 8 Personen, außerdem Zelt- und Wohnmobilplätze

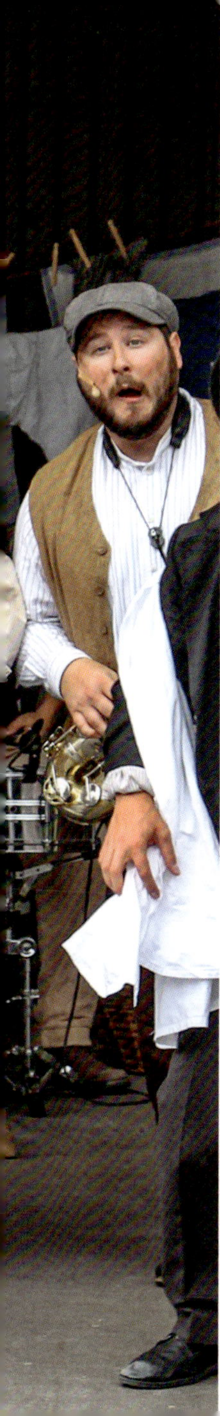

4

Lebendig gewordene Literatur

Astrid Lindgrens Welt

» „Hier werden Geschichten Wirklichkeit“, so wird Schwedens größter Freizeitpark in Vimmerby beworben. Groß? Ja, und dennoch ist Astrid Lindgrens Welt über die Jahre ein Ort voller Zauber geblieben. Wirklichkeit? Ja, vor allem durch das lebendige Theaterspiel und die passende Musikbegleitung.

< Bei der temporeichen Revue nach der Geschichte von „Rasmus und der Landstreicher“ musizieren und tanzen die Schauspieler und Musiker, dass es eine Freude ist

Astrid Lindgren schreibt:

„Vad jag tänker om Astrid Lindgrens Värld, det frågar man mej ofta, och det vill jag gärna berätta om. Jag har ju inte några ekonomiska intresser i företaget, men däremot ett glödande rent mänskligt intresse av att den här unika anläggningen får möjlighet att fortleva och vara till glädje för många. Det är en mycket hemtrevlig och vacker värld tycker jag."

„Was ich von Astrid Lindgrens Welt halte, werde ich oft gefragt, und das will ich gerne erzählen. Ich habe ja keine ökonomischen Interessen an dem Unternehmen, wohl aber ein glühendes, rein menschliches Interesse daran, dass diese einzigartige Anlage weiter bestehen kann und vielen Freude bereitet. Es ist eine sehr gemütliche und schöne Welt, denke ich."

Zitat aus einem Werbeprospekt

„Bara gör som jag tänker: Annars kommer jag och spökar. Och inte är det väl en gammal käring du vill ha i sängkammar'n om natten."

„Mach's ja so, wie ich es mir vorstelle: Sonst komme ich und spuke. Und du willst doch wohl nachts kein altes Weib im Schlafzimmer haben."

Astrid Lindgren zu einem der Verantwortlichen von Astrid Lindgrens Welt, nach Fellke u.a.: „Rebellen från Vimmerby"

Das Rathaus der kleinen, kleinen Stadt – mit einem kleinen, kleinen Besucher

sm 090bu

Angesichts der langen Schlangen und des proppenvollen Parkplatzes waren wir vor unserem ersten Besuch in „Astrid Lindgrens Welt" nahe dran umzukehren, um nie wiederzukommen. Wollten wir das wirklich? Uns gemeinsam mit einer riesigen Menschenmenge durch einen kommerziellen Freizeitpark schieben? Wir entschieden uns fürs Bleiben, da unsere Töchter nicht zur Umkehr bereit waren – und erlebten einen der schönsten Tage unseres Urlaubs. Kinder wie Erwachsene schwärmten noch monatelang von diesem Erlebnis, und unsere Begeisterung für Astrid Lindgren wuchs mehr und mehr.

Bei jedem unserer weiteren Besuche waren wir wieder skeptisch. Astrid Lindgrens Värld (ALV) wächst von Jahr zu Jahr: Ist es möglich, bei diesem riesigen Zuschauerstrom den Zauber beizubehalten, der von diesem außergewöhnlichen Freizeitpark ausgeht? Am Ende aber konnten wir bei jeder Reise erleichtert aufatmen: Ja, es wirkt immer noch, und dies vor allem durch die beteiligten Schauspielerinnen und Schauspieler.

Allerdings erfordert Astrid Lindgrens Welt eine gewisse **Vorbereitung.** Besucher, die gerade mal Pippi Langstrumpf und sonst nichts kennen, werden deutlich weniger Spaß haben. Denn hier sind sie alle vertreten: Michel, die Bullerbü-Häuser, Lottas Krachmacherstraße, Madita und Lisabet, Ronja Räubertochter, Karlsson vom Dach, Polly Patent (die auf Schwedisch Kajsa Kavat heißt) und viele, viele mehr. Wer seinen Kindern die Geschichten zumindest ein wenig erläutert, der eröffnet ihnen einen besseren Zugang auch zu Astrid Lindgrens Welt. Das ist auch deshalb ratsam, weil die kurzen Theaterszenen natürlich auf Schwedisch präsentiert werden. Wer die Bücher oder Filme noch im Kopf hat, dem erschließen sich die Geschichten dann auch ohne Sprachkenntnisse. Junge Eltern gaben uns zudem einen hilfreichen Hinweis: Sie beschränkten sich bei ihrem Besuch mit einem Vierjährigen auf ein, zwei Schauplätze wie die Villa Kunterbunt oder Katthult – und wechselten sich dabei ab, um auch Ronja oder die Brüder Löwenherz besuchen zu können.

Ein anderer Tipp, der sich für uns als sehr hilfreich erwiesen hat: Es ist ratsam, viel Zeit wie auch **Essen und Trinken** mitzubringen. Astrid Lindgrens Welt ist ein enorm großer Freizeitpark mit unzähligen Spielmöglichkeiten. Ein Tag

☑ Eine Plakatwand am Eingang des Parks: Hier können die Besucher Michel und Klein-Ida spielen

083bu ws

ist fast zu kurz, um sich wirklich einen Überblick zu verschaffen. Gewiss, man muss auch ohne Picknickkorb nicht verhungern, doch um volle Restaurants zu vermeiden oder Geld zu sparen, ziehen viele Schweden mit dem **Bollerwagen** durch dieses Paradies, die obligatorische Thermoskanne mit Kaffee und Zimtwecken immer dabei.

Der hohe Eintrittspreis allein genügt ja, um von belegten Broten statt „Köttbullar med lingon och potatismus“ (Fleischklößchen mit Preiselbeeren und Kartoffelbrei) im Restaurant zu träumen. Ein Markenzeichen von ALV ist, dass es kein Fast Food gibt. Cola oder Chips sucht man vergebens, stattdessen gibt es typisch Schwedisches wie Fischgerichte, Waffeln mit Sahne, Pfannkuchen oder Saft. Wir haben es immer als sehr angenehm empfunden, dass man hier nicht, wie in vielen anderen Freizeitparks, auf Schritt und Tritt zum Geldausgeben animiert wird. Wer allerdings Andenken mit nach Hause nehmen möchte, hat in der **Großen Krachmacherstraße** reichlich Gelegenheit dazu. Hier steht auch Lottas Haus, das viele Kinder aus den Filmen von Johanna Hald kennen. Die gesamte Straße (bis hin zur Tankstelle des Ehepaars Blomgren) wurde für die Dreharbeiten gebaut und anschließend als Verkaufsmeile in die Einrichtung integriert.

Doch zurück zum Anfang unseres Rundganges. Nachdem wir die Kasse überraschend schnell passiert hatten (man hat den Eindruck, alles ist hervorragend organisiert), hielten wir uns links und blieben sehr schnell hängen:

Hier gibt es unzählige Gelegenheiten zum Spielen. Während einige auf der großen Spielwiese zum ersten Mal die Thermoskanne öffneten, begannen wir zu spielen, *„und wir spielten und spielten und spielten, sodass es das reine Wunder ist, dass wir uns nicht totgespielt haben"*, wie es Astrid Lindgren im „Entschwundenen Land" beschrieben hat. Da gibt es Schaukelpferde, Picknickplätze und große Bildtafeln mit Löchern in Kopfhöhe, mit deren Hilfe man sich für ein Erinnerungsfoto in Pippi, Michel und Klein-Ida oder Madita und Lisabet verwandeln kann. Das Schönste aber ist – für Erwachsene wie für Kinder – die lange **„Nicht-den-Boden-berühren-Bahn".** Über Zäune und Felsbrocken, über Baumstämme und einen kleinen Bach hangeln sich die Teilnehmer entlang und freuen sich lautstark, wenn sie das Ziel erreichen, ohne vom Zaun gefallen zu sein oder nasse Füße bekommen zu haben.

Linker Hand sehen wir ein kleines **Amphitheater.** Hier gibt es regelmäßig kleinere Theater- und Musikvorstellungen. Auf dieser **„Lilla Scenen"** erleben wir an einem Nachmittag, wie die Polizisten Kling und Klang aus den Pippi-Filmen von Fräulein Bock, der

⌃ Auf der Nicht-den-Boden-berühren-Bahn haben Kinder wie Erwachsene ihren Spaß

‹ Blomgrens Tankstelle aus den Lotta-Büchern ist zugleich Informationsstelle und Kulisse für die allabendliche musikalische Verabschiedung

⌃ Besonders bei den jüngeren Besuchern beliebt: das Dorf von Polly Patent

› Groß ist sie geworden, die kleine Villa Kunterbunt; aber jetzt passt auch das Pferd auf die Veranda

Haushälterin aus „Karlsson vom Dach“, mit einem offensichtlich ungenießbaren Essen bewirtet werden – und im Bestreben, ihren Teller wohlerzogen zu leeren, Blumentöpfe und andere Gefäße heimlich mit dem grünlichen Brei füllen. Und Karlsson selbst natürlich, der auf der Bühne und zwischen den Zuschauern seine Späße treibt. Karlsson, Pippi und später Madita auf einer Bühne – geht das wirklich gut? Ja, in Astrid Lindgrens Welt ist das möglich, denn sowohl die Textzusammenstellung als auch die Schauspieler sind hervorragend. Auch wer nur wenig Schwedisch versteht, wird an diesen kurzen Auftritten seinen Spaß haben.

Unsere nächste Station war eine der Hauptattraktionen: **„Den lilla, lilla staden“** – „die kleine, kleine Stadt“. Dies ist Vimmerby, die Stadt, in der die Autorin aufgewachsen ist und die sie in vielen ihrer Bücher beschrieben hat. Die kleinen Häuser in Astrid Lindgrens Welt, die kleinen, engen Straßen, das Stadthotel (in dem Alva aus „Madita“ mit dem Schornsteinfeger tanzte) und das Rathaus: Hier hat man Vimmerby ohne Verkehrslärm, ohne Hinweise auf die Gegenwart und in einer Größe, die auch für die ganz Kleinen gut zu erfassen ist. In die meisten Häuser können die Besucher nur von außen hineinschauen, manche sind mit Mobiliar oder sogar mit Puppen bestückt. Unserer Großen gefiel vor allem das Haus des Bürgermeisters, in dem die vornehme Welt beim Schmaus sitzt und entsetzt beobachten muss, wie Michel auf seinem Pferd Lukas durch den herrschaftlichen Salon reitet.

Unsere Kleine dagegen verliebte sich in Pollys niedriges und strohgedecktes Häuschen, das im „Nachbardorf“ steht und aus dem sie lange Zeit nicht herauszubekommen war.

Die drei Häuser von **Bullerbü,** unserem nächsten Ziel, sind den ganzen Tag über begehbar, denn hier gibt es keine Theatervorstellungen. Wer in Sevedstorp (→ Kapitel 5 „Bullerbü“) war, für den ist das kleine künstliche Dorf vielleicht nicht ganz so interessant, aber gerade hier gibt es viele Gelegenheiten zum Spielen.

Spannender wird es schon bei der **Villa Villekulla,** wie die Villa Kunterbunt im schwedischen Original heißt.

Spannend vor allem durch die Schauspieler, die den ganzen Tag über immer mal wieder einzelne Szenen vorführen. Als wir uns zum ersten Mal der Villa Kunterbunt näherten, empfing uns Jazz-Musik: Eine Combo hatte die bekannten Filmmelodien neu bearbeitet, und auch die Darsteller sangen und swingten, dass es eine Freude war. Diese Schauspieler, die tagaus, tagein und mehrmals am Tag auftreten, vermitteln auch nach dem hundertsten Mal noch den Eindruck, dass es ihnen Spaß macht, Pippi, Madita oder Ronja zu spielen.

Vor einigen Jahren ist diese Attraktion umgesiedelt worden, und zwar, wie es im Kapitel „Pippi zieht in die Villa Kunterbunt ein" beschrieben ist: *„Am Rand der kleinen, kleinen Stadt lag ein alter, verwahrloster Garten. In dem Garten stand ein altes Haus und in dem Haus wohnte Pippi"*. Die Villa Kunterbunt liegt also auch am Rande der kleinen, kleinen Stadt, an einem kleinen See, doch sie sieht noch fast genauso aus wie früher. Sie wirkt nur sehr viel größer, denn sie wurde zum 75-jährigen Jubiläum noch einmal erweitert. Der Zuschauerraum bietet nun 2000 Besuchern Platz. Das klingt erschreckend, doch wir fanden die Vorstellung, bei der ein lebendiges Pferd den Kleinen Onkel darstellte und Herr Nilsson als Handpuppe aus dem Dachfenster lugte, immer noch sehr schön.

Nach der Vorstellung war das Haus zur Besichtigung freigegeben, und die Kleinen sahen sich begeistert im Inneren der Villa um. Manche Kinder mögen an dieser Stelle vielleicht enttäuscht sein, dass ausgerechnet Pippi von einer Erwachsenen dargestellt wird und nicht

316bu ws

wie Thomas und Annika von Kindern, doch erlebt man mit, wie fordernd diese Rolle ist, versteht man schnell den Grund.

Wie an vielen anderen Schauplätzen auch müssen die Zuschauerbereiche regelmäßig erweitert und angepasst werden, um für die vielen Besucher, die ALV anlockt, Platz zu machen. Bis zu 500.000 sind es im Jahr, und die meisten kommen natürlich in den Sommermonaten. Auch Häuser wie Katthult, Junibacken oder die Mattisburg werden mit den Jahren nicht nur technisch besser ausgerüstet, sondern von einer Art Zuschauerrang umgeben, wo sich die Besucher auf künstlichem Rasen niederlassen können. Künstlicher Rasen? Unser erstes Erschrecken weicht der Zustimmung: Auch nach einem Platzregen sind diese Sitze schnell wieder trocken.

Für Änderungen dieser Art ist die Villa Villekulla beispielhaft. Wir standen an einem Sommermorgen inmitten einer Menge von Eltern, Kindern und Kinderwagen, das leicht ansteigende Gelände vor der Villa war wirklich gesteckt voll. Und dennoch konnten fast alle genau beobachten, welche Späße Pippi mit der Prusseliese und den Polizisten Kling und Klang trieb (Fröken Prysselius ist Pippis Gegenspielerin aus den Olle-Hellbom-Filmen). Über große Lautsprecher wurden Text und Musik übertragen, und dennoch: Die dichte Atmosphäre ist bei aller Größe erhalten geblieben. Als Pippi dann von ihrer Sehnsucht nach ihrem Papa sang, als die Zugbrücke am See langsam in die Höhe gezogen wurde und die **Hoppetosse** mit Kapitän Ephraim Langstrumpf majestätisch in Richtung Villa Kunterbunt glitt, da wirkte das alles sogar anrührend.

Später durften Kinder wie Erwachsene das Schiff erstürmen, und auch wenn offiziell nicht gebadet werden darf, wateten an diesem heißen Sommertag viele kleine Nackedeis durch das flache Wasser. Für solche heißen Tage wurde in der Nähe des „Hafenmagazins“, wo man

317bu ws

206bu ws

sich kulinarisch stärken und sein Essen in einem der kleinen Ruderboote einnehmen kann, eine Art Planschbecken eingerichtet. So können die Kleinen ihr Bedürfnis nach einer Abkühlung etwas weniger rutschgefährdet stillen.

Es gibt viel zu bestaunen in Astrid Lindgrens Welt, aber den größten Eindruck hinterlassen die mehr als 100 **Schauspielerinnen und Schauspieler,** davon 20 Kinderdarsteller, überwiegend aus Vimmerby. Dabei geht es nicht nur um Theater, insbesondere musikalisch sind die Darsteller herausragend. Das ganze Programm ist gut gemacht, spannend auch für nichtschwedische Besucher, pfiffig und temperamentvoll.

Speziell die Darstellerin der Pippi Langstrumpf hat uns fasziniert: Mit ungewöhnlicher Kraft und großem Engagement bewältigte sie ihre körperlich anstrengende Rolle – und hatte auch am Abend offensichtlich noch Freude daran. Der jungen Ronja war dagegen am späten Nachmittag die Erschöpfung anzusehen, und dennoch: Tapfer beantwortete sie nach der Theatervorstellung die unzähligen Fragen der Kinder. Hier wie überall wurden die jungen Zuschauer ganz selbstverständlich ins Spiel miteinbezogen. Es gab kurze Szenen auf

Beim Kaffeekränzchen von Frau Settergren bringt Pippi alles durcheinander. Die feinen Damen spielen allerdings so wunderbar, dass die Sympathien vieler Zuschauer auf ihrer Seite sind

Nach der Vorstellung dürfen die Zuschauer die Hoppetosse entern oder können am Hafen essen und in die kleinen Ruderboote steigen

„Bühnen", doch danach waren Lovis und Mattis immer noch Lovis und Mattis und luden alle zum Singen und Tanzen ein. Und wenn Ronjas Vater dann eine Art „Ochs am Berg"-Spiel begann, so war es auch ganz selbstverständlich, dass die Kinder bald dazu gebracht wurden, es allein und ohne Erwachsene fortzusetzen. Theater wird in Astrid Lindgrens Welt nicht einfach konsumiert, sondern regt zum Selberspielen und zum Gespräch an.

Was uns mit den Jahren immer mehr beeindruckt hat, ist die musikalische Gestaltung. Besonders geglückt scheint uns das bei der **Mattisburg.** Diese wurde, wie die Villa Kunterbunt, neu konzipiert und vergrößert, da sie sich als absoluter Zuschauermagnet erwiesen hat. Hier wirken hervorragende Sängerinnen und Sänger mit, die mit ihren kraftvollen Stimmen auf der „Bühne" Einzug halten. Durch die Musik werden Geschichten und Buchfiguren lebendig gemacht, die im Grunde nicht auf eine Bühne zu bringen sind. Da übernehmen die Schauspieler den Part der Wilddruden, die sie sängerisch und mit Gebärden vor unseren Augen erstehen lassen. Doch gerade hier hat unserer Meinung nach mit den Jahren ein bisschen zu viel Technik Einzug gehalten. Wurde der Nebel, in den **Ronja** von den Unterirdischen gelockt wird, früher allein durch den Gesang dargestellt, sodass die Zuschauer mitten im hellsten Sommer das Gefühl von beklemmendem Grau empfanden, so kommt mittlerweile weißer Dampf aus Röhren und auch die Unterirdischen werden von Schauspielern dargestellt. Schade, man hätte den gesanglichen Fähigkeiten der Darsteller ruhig weiter vertrauen können.

207bu ws

Aber meistens geht es an der Mattisburg lustig zu. In einer der Spielpausen zum Beispiel machte sich Glatzen-Per zum Vergnügen der Umstehenden über unseren Bollerwagen mit der Kühltasche her. Während die Räuber auf uns einschwatzten, um uns abzulenken, betrachtete er verwirrt eine Mineralwasserflasche aus Kunststoff, schmierte sich neugierig unsere Sonnencreme auf die Nase und verspeiste genüsslich ein Fleischbällchen. Improvisationstheater vom Feinsten, das in den Zuschauern

< Ronja und Birk springen als Mutprobe über den Höllenschlund

> Räuberhauptmann Mattis führt gern das große Wort

ebenfalls die Lust am Theaterspielen weckt.

Beeindruckt waren wir auch, als die Räuber die Zuschauer nach einem plötzlichen Regenguss in die Steinhalle der Mattisburg baten und improvisierten: Räuber Knotas erzählt die Geschichte, wie er sich im Wald vor den Landsknechten retten musste. Er redet ihnen ein, er sei ein Eichhörnchen, was er kletternd beweisen muss. Und die Kinder müssen mitspielen: als Pilze im Wald, als Feuer, als Wasser. Als es nicht aufhören will zu regnen, wird ein Ratespiel gespielt: Einer stellt ein Tier oder eine Sache vor, die anderen müssen raten. Und die Kinder haben so gar keine Scheu, vor Unbekannten Theater zu spielen, weil es ihnen so leicht gemacht wird. So ist es auch nicht schlimm, dass der Regen recht lange dauert. Hier drinnen ist es gemütlich, unterhaltsam – und dann wird auch noch musiziert. Das macht wieder wett, dass draußen die Begleitmusik vom Band kommt. Hier ist die Astrid-Lindgren-Welt noch so, wie sie sein soll.

Auch auf den Wegen zwischen den Stationen ist man nicht sicher vor schauspielerischen „Überfällen". Da läuft die Prusseliese hinter den Dieben Blom und Donner-Karlsson her. Sie fragt alle Kinder, ob sie nicht Pippi gesehen hätten, denn sie möchte sie in ihr Waisenhaus aufnehmen. Und als sie einen jungen Vater erblickt, der über und über mit Tätowierungen bedeckt ist, fragt sie indigniert: *„Was ist los? Habt ihr kein Papier zu Hause, dass du auf deiner Haut malen musst?"*

Der Waisenjunge **Rasmus und** sein Freund, **der Landstreicher** Paradies-

208bu ws

Oskar, kommen auf ihrer Wanderung vorbei und machen Halt, um eines ihrer Lieder zum Besten zu geben. Dort drüben hängt eine Frau ihre Wäsche auf. Wir rätseln, aus welcher Geschichte sie wohl stammt, bis wir merken, dass es Martina ist, Oskars Frau, die ihre Freude über sein Heimkommen hinter einer großen Schimpftirade verbirgt.

Astrid Lindgrens Welt lebt durch die Schauspieler; das Versprechen, „Hier werden Geschichten Wirklichkeit", wird eingelöst. Doch auch die idyllischen kleinen Häuschen von Lotta, Polly, Nils Karlsson-Däumling oder der Hof von

^ Rasmus und der Landstreicher Oskar lernen sich am Heuschober kennen

< Wer den Oskar spielen will, muss nicht nur singen, sondern auch die Quetschkommode bedienen können

> An Nils Karlsson Pysslings Tisch wirken die Kinder wirklich wie Däumlinge

Sophia aus den Brüdern Löwenherz wirken auf die großen wie die kleinen Besucher anrührend.

Mit einem dieser kleinen Häuschen hat alles begonnen: Drei junge Männer aus Vimmerby, Tommy Isacsson, Rein Soowik und Per Jalminger, kauften einen alten Schuppen und das dazugehörige Gelände auf, um Michels Katthult in kleinem Format aufzubauen. Höflich fragten sie bei Astrid Lindgren um Erlaubnis, und mit ihrer Zustimmung wurde im Sommer 1981 mit dem Bau begonnen. Das „Projekt Bullerbü", wie es anfangs hieß, stieß bei Naturschützern in Vimmerby auf Widerstand, Astrid Lindgren jedoch gefielen die jungen Freizeitschreiner, die ihren eigenen und fremden Kindern Gelegenheit zum Spielen geben wollten. Jedes Jahr sollte ein neues Buch vertreten sein, und so wuchs die Einrichtung recht schnell. Das Interesse war groß, bereits im ersten Sommer kamen etwa 10.000 Besucher. Heute gibt es in der kleinen, kleinen Stadt vereinzelt noch Gebäude aus dieser Anfangszeit, die meisten Schauplätze haben jedoch mit den Jahren ziemlich umfangreiche, auch technische Veränderungen erfahren. Die Atmosphäre ist aber im Großen und Ganzen noch so, wie wir sie bei unseren ersten Besuchen erlebt haben.

Einmal landen wir an einem Nachmittag in **Katthult,** als eine Vorstellung gerade beendet ist. Alfred, Lina, Anton und Alma versammeln sich um einen Kaffeetisch im Garten. Gemütlich sitzen sie da, von den Besucherkindern umringt, mit den ganz Kleinen auf dem Schoß. Alfred nimmt die Gitarre und fängt an zu spielen. *„Was wünscht ihr euch für Lieder? Ich kann sie alle"*, sagt er, und auch die schwedischen Kinder kennen sie alle. Idas Sommerlied, Michels Lobgesänge auf seinen Tischlerschuppen oder sein Pferd Lukas, Linas Klagegesang und Alfreds Lied vom armen Bauernknecht: Alles wird zur Gitarre gesungen, und Kinder wie Erwachsene umringen den alten Holztisch und rühren sich nicht von der Stelle. Michel und Ida machen derweil Beerensaft und matschen mit Begeisterung in den frischen roten Früchten, um sich später unter der altmodischen Pumpe die Hände zu waschen. Lebendiges Theater, das für uns sogar noch schöner ist als die kurze Szene, die wir später „offiziell" zu sehen bekommen. Mit den Jahren sind diese Szenen immer ausgefeilter geworden, und uns gefällt, dass mehr und mehr Tiere im Einsatz sind. Eine besondere Freude für die kleinen Besucher: In Katthult

318bu fs

sind Hühner und ein gut dressiertes Knirpsschweinchen dabei und vor der Mattisburg und im Heckenrosental zeigen die Schauspieler ihre Reitkunst.

Eine Station weiter in **Junibacken (Birkenlund)** ein ähnlich herzerfrischendes Bild: Lisabet und Madita spielen „Moses im Schilf". Der Augustnachmittag ist ziemlich heiß, und die Darstellerin der Lisabet lässt sich, als ihre Rolle es erfordert, sichtlich begeistert ins Wasser fallen. Später untersucht eine vierjährige Besucherin den großen Waschzuber, der noch auf dem Teich schwimmt, klettert kurzerhand hinein und lässt sich genüsslich über das flache Wasser treiben.

Auch Junibacken musste, um den vielen Besuchern gerecht zu bleiben, vergrößert werden. Das Haus ist aber nahezu unverändert, entstanden ist lediglich eine Art Zuschauerhügel, so dass auch die kleineren Besucher genügend sehen können. Für die richtige Atmosphäre sorgt eine Erzählstimme, die vom Band zu hören ist. Ist es Astrid Lindgren selbst? Oder ihre Tochter Karin? Wir fragen uns ein bisschen durch und erfahren: Es ist ihre Nichte Barbro Alvtegen, der es gelingt, den Lindgren'schen Ton so schön zu treffen. Deren Stimme ist auch in Katthult zu hören. Und so

⌃ Einer von Michels vergeblichen Versuchen, der Magd Lina den kranken Zahn zu ziehen

⟩ Ganz Katthult versucht, Michels Kopf aus der Suppenschüssel zu befreien

ist die Verbindung zum Ursprung, zum Vorlesen wieder hergestellt.

Viele kleine und größere Szenen wie die mit dem Waschzuber haben wir erlebt, viele der Lieder sind uns im Gedächtnis geblieben, und beim Lesen der Bücher vermischt sich nun von Zeit zu Zeit eines der Gesichter mit den Illustrationen von Ilon Wikland oder Björn Berg. Wir empfinden Astrid Lindgrens Welt als Bereicherung, ebenso wie die Verfilmungen, die nie den Spaß am Lesen genommen, sondern immer nur verstärkt haben.

Was Astrid Lindgren selbst über die Einrichtung gedacht hat, kann man dem eingangs zitierten Werbeprospekt entnehmen. Alle Gespräche, die wir mit Vertrauten, Verwandten und Freunden der Autorin führten, bestätigten diese positive Haltung. Sie selbst war immer sehr vorsichtig mit wertenden Äußerungen, sei es über Filme, sei es über Freizeiteinrichtungen. Dennoch kann man wohl davon ausgehen, dass Astrid Lindgrens Welt, wie es sich heute darstellt, ihre Billigung finden würde. Das liegt nicht zuletzt daran, dass sie selbst mit ihrer Persönlichkeit und ihrem Talent, sich traumwandlerisch sicher mit besonders fähigen Mitarbeitern und Interpreten zu umgeben, dafür gesorgt hat, dass kein Schindluder mit ihren Werken getrieben wird.

„Meiner Mutter war vor allem wichtig, dass die Kinder dort spielen können", sagt ihre Tochter Karin Nyman, die uns in ihrem Ferienhaus auf Furusund von den **Anfängen** erzählt. Was heute ein riesiger Freizeitpark ist, begann mit drei kleinen Häusern, in denen die Kinder der Besitzer, aber auch andere Kinder kostenlos spielen durften. *„Diese jungen Leute hatten Spaß am Häuschenbauen"*, meint Karin Nyman. Anfangs war der Besuch kostenlos, es wurde lediglich eine Parkplatzgebühr erhoben. Die Autorin selbst hat immer betont, dass sie finan-

319bu ws

ziell nicht an dem Park beteiligt ist, und sie wollte lange Zeit, dass es die Kinder nicht mehr koste als ein bisschen Geld für ein Würstchen. Doch die Einrichtung, in die ihre Gründer viel Zeit und Arbeit investiert hatten, wuchs schnell – sie wuchs den Initiatoren über den Kopf.

Also wurde das Gelände an eine große Baufirma verkauft, und die drei jungen Männer und ihre Familien gingen zum Teil als Angestellte weiterhin ihrem Hobby nach. Die Erweiterungspläne in dieser Zeit bereiteten Astrid Lindgren allerdings etwas Sorge. Es schien ihr nicht nur zu groß, sondern auch zu kommerziell zu werden. *„Die Baufirma ging dann Konkurs. Das war eigentlich ganz gut"*, meint Karin Nyman vorsichtig und – ihrer Mutter in dieser Hinsicht sehr ähnlich – ein wenig amüsiert. *„Schließlich hat die Kommune Vimmerby die Einrichtung übernommen, weil man einsah, dass es nicht schlau sei, wenn alles in fremde Hände käme."*

1994 übernahm **Joakim Karlén** die Leitung, der in den nächsten zehn Jahren dafür sorgte, dass Astrid Lindgrens Welt ein Freizeitpark der besonderen Art wurde. Um aber Gewissheit zu haben, dass alles seine Richtigkeit hat, wurde ein **Programmrat** installiert. Mittlerweile hat die Familie Lindgren selbst sehr viel mehr Einflussmöglichkeiten:

⌃ Ausflug aufs Schuppendach: Wird Madita springen?

Astrid Lindgrens Welt gehört zu 91 Prozent dem Familienunternehmen Astrid Lindgren Förvaltning AB, die restlichen neun Prozent der Kommune Vimmerby. Hier hat also nun die Enkelgeneration das Sagen. Auch für Näs, den Geburtsort, hat ALV 2017 die Verantwortung übernommen, und so haben die Nachkommen gute Möglichkeiten, dafür zu sorgen, dass Astrid Lindgren nicht als Gespenst erscheinen muss, weil sie ihre Vorstellungen nicht verwirklicht sieht. Doch es gibt nicht viel Grund dazu.

Katthult zum Beispiel wurde jüngst um eine schöne **Spielscheune** und einen Heuschober erweitert, in dem die Kinder ins Heu springen können. Hier dürfen sie auf hölzernen Pferden und Schafen reiten oder eine Kuh aus Holz tränken und melken. Auf einem eichenbewachsenen Hügel oberhalb von Katthult, wo früher die Einwohner von Vimmerby ihren Sonntagsausflug machten, ist eine typische schwedische Weide mit einem Zaun aus Fichten- und Wacholderstämmen entstanden. Als Picknickplatz an einem sonnigen Tag sehr zu empfehlen. Bei jedem unserer Besuche sind wir beeindruckt, wie es den Machern von ALV gelingt, trotz der enormen Besucherströme ausreichend Plätze zu bieten, an denen es ruhiger zugeht. Das liegt vor allem daran, dass die Natur hier nicht verdrängt, sondern geschickt genutzt wurde. Wird das wohl noch so sein, wenn die Einrichtung weiter wächst? *„Der Schwerpunkt wird immer die Begegnung mit den Schauspielern bleiben“*, sagt dazu Lena Möller, die gegenwärtige Marketingleiterin. *„Das werden wir nie wegnehmen.“* Verändert und angepasst werden lediglich die Schauplätze, die gastronomischen Angebote und die Übernachtungsmöglichkeiten. Dass das so bleibt, darüber wacht die Familie. Auch Tochter Karin Nyman ist weiterhin im Programmrat tätig und bisher offenbar sehr zufrieden mit der Entwicklung.

Mit insgesamt 10.000 Quadratmetern sind die Schauplätze für **„Die Brüder Löwenherz“** am oberen Ende des riesigen Geländes die größte der neueren Errungenschaften. Auf zwei Bühnen, dem Kirschtal und dem Heckenrosental, wird die anrührende Geschichte um die zwei Brüder Krümel und Jonathan erzählt, die in einer Fantasiewelt gegen das Böse in Gestalt des Diktators Tengil und des Drachens Katla kämpfen. Eine der Erzählungen Astrid Lindgrens, die wahrlich nicht leicht umzusetzen ist. Insbesondere der abschließende Kampftag (stridens dag), den wir an einem späten Nachmittag auf der großen Bühne des Heckenrosentales erleben, kann mit seiner Grausamkeit durchaus verstörend auf Kinder wirken. Zwar wurde das empfohlene Mindestalter auf neun Jahre festgelegt, doch um uns herum sitzen viele deutlich jüngere Kinder. Wir sind erstaunt, dass die Kleinen durchaus gebannt, aber nicht überfordert erscheinen.

Das ist einer behutsamen Regie zu verdanken. Die Geschichte wird mithilfe von etwa 30 Schauspielerinnen und Schauspielern verständlich umgesetzt, die Kampfszenen sind nicht übertrieben blutrünstig und der Drache Katla, von vier Personen bewegt, ist weit genug entfernt, um auch den Kleinen nicht unnötig Angst zu machen. Die eigentliche Bedrohung geht von Tengil und seinen Männern aus, und wenn nach überstandenem Kampf zwei Tauben als Zeichen der Hoffnung in die Luft geschickt werden, dann könnte das anrührender kaum sein. In ihrer Schlichtheit ist diese Umsetzung des Stoffes glücklicherweise weit entfernt von Horror oder Kitsch. Und wenn Jonathan, als alter Mann verkleidet, die Zuschauerreihen entlangläuft und um etwas zu essen bittet, dann ist es ein schöner Moment, wenn ihm die Kinder einen Apfel zustecken oder von ihren Süßigkeiten in den Korb legen. Kleine Ideen wie diese sind es, die uns Astrid Lindgrens Welt immer wieder so wertvoll machen.

Sehr zu empfehlen ist darüber hinaus ein Besuch des Tulipa-Hofs, wo die Freiheitskämpferin Sophia lebt. Die begehbaren Räume sind bis ins kleinste Detail authentisch und dabei keinesfalls überladen eingerichtet. Eine schöne Gegenwelt zur Bedrohung durch die Tengil-Ritter.

Auf unserem Weg in Richtung Ausgang passieren wir das von dem Gotländer Göran Wärff geschaffene Kunstwerk aus Glas, Granit und Holz. Vor einer Wand aus blau leuchtenden Glaselementen stehen einige Granitsteine, auf denen sich die Besucher niederlassen oder die Kinder klettern können. Herzstück ist ein **Kopf aus Glas** mit den Zügen Astrid Lindgrens, der den einhelligen Beifall der Familie gefunden hat. Seit dem Jubiläumsjahr 2007 ist der Platz noch um ein weiteres Denkmal erweitert: ein riesiges, aufgeschlagenes **Buch aus Holz,** beschrieben mit kurzen Zitaten. Dahinter befand sich einige Jahre die einzige In-Door-Attraktion namens Saltkråkan. Hier konnte man mit einer Gondel an

320bu ws

den Figuren der Fernsehserie entlangfahren. Dieser Teil wurde jedoch aufgrund der veralteten Technik geschlossen; derzeit befindet sich dort nur ein Restaurant.

Als wir uns erneut dem Park zuwenden, begegnen wir wieder einmal **Karlsson,** der mit Fräulein Bock Schabernack treibt und freche Bemerkungen mit den Kindern austauscht, die ihn umringen. *„Wir halten stets die Illusion aufrecht, so dass alles immer echt wirkt"*, sagt uns dazu **Mikael Ahlerup,** zu der Zeit geschäftsführender Direktor. Ja, Fräulein Prusselius, die Polizisten Kling und Klang, Pippi und alle ihre Kollegen, die den Tag über im Park umherstreifen, bleiben immer in ihrer Rolle.

In der Hauptsaison gehören von den etwa 600 Mitarbeitern 145 zum Theaterbereich, darunter auch Acht- bis Sechzehnjährige. *„Bis auf die Pippi werden alle Kinderrollen auch mit Kindern besetzt"*, sagt Mikael Ahlerup. Etliche Rollen sind doppelt besetzt, denn niemand kann diese anstrengende Arbeit sieben Tage die Woche von morgens bis abends durchhalten. Doch das fällt eigentlich nur den Stammgästen auf, für die anderen ist Pippi ganz einfach Pippi.

◁ Es ist ein schwerer Kampf, den die Bewohner des Heckenrosentals gegen ihre Unterdrücker führen müssen

▽ Glücklicherweise ist der gefährliche Drache Katla weit von den Zuschauern entfernt

321bu ws

Jedes Jahr gibt es über 300 Bewerbungen für die wenigen Rollen, die neu besetzt werden müssen: Für die Schauspieler macht es sich gut im Lebenslauf, wenn sie als Sommer-Job Astrid Lindgrens Welt angeben können, und so mancher ist danach noch geblieben. So war zum Beispiel Kristina Ruhnström, eine Großnichte Astrid Lindgrens, die früher hier die Lina spielte, eine Zeit lang für die Qualität der Musik zuständig.

Beim **Auswahlverfahren** – es gibt zwei Vorsprechtermine in Stockholm und in Göteborg – wird vor allem nach einem speziellen Typ gesucht. „*Kling und Klang oder Kapitän Langstrumpf müssen groß sein, die Pippi eher klein*", meint Mikael Ahlerup. Bei Karlsson könne man ja mit dem Kostüm nachhelfen, aber es sei schon gut, wenn der Darsteller von vornherein ein bisschen pummelig sei. Und was Pippi betrifft, so sei es die Haltung, die zählt: „*Wenn du ihr auf der Straße begegnen würdest, würdest du wissen: Dies ist eine Pippi*", sagt der Geschäftsführer.

Aus ganz Schweden kommen alljährlich die Bewerbungen. Nur die **Kinderdarsteller,** das war ein spezieller Wunsch von Astrid Lindgren, sollen möglichst in Vimmerby leben. „*Die Eltern müssen ja den ganzen Sommer über auch hier sein und ihre Kinder unterstützen*", meint Mikael Ahlerup: Bei der nicht geringen Anstrengung kann es schon mal Müdigkeitstränen geben. Doch Bewerber gibt es genug, und die Vimmerbyer Kinder sind schon vom Schulunterricht her mit den Theaterstücken Astrid Lindgrens

322bu ws

vertraut: Jedes Jahr steht ein anderes Buch auf dem Lehrplan, und fast überall gibt es kleine Theateraufführungen oder Liedernachmittage mit Schülern. In Astrid Lindgrens Welt sind von Mitte Mai an jeden Nachmittag Proben, und in der Hauptsaison dauert ein Arbeitstag von 8.30 Uhr bis 17 Uhr. Aber die Kinder haben offensichtlich so großen Spaß an ihren Auftritten, dass sie den Sommer in Astrid Lindgrens Welt auch genießen. Mikael Ahlerup nennt das den „theatrical monkey“, den Hang zum Schauspielern und die Fähigkeit zum Improvisieren bei jeder Gelegenheit, der diese Kinder auszeichnet.

Das macht Astrid Lindgrens Welt durchaus einzigartig unter den vielen, vielen Freizeitparks weltweit, die Familien anlocken. Damit dies auch so bleibt, ist eine gewisse Kontrolle nötig, und das ist auch der Grund, warum die Familie Lindgren nie zugestimmt hat, etwas Ähnliches in Deutschland zu machen.

„Wir haben oft Anfragen dazu“, sagt Verlegerin Silke Weitendorf vom Hamburger Oetinger Verlag. Die enge Verbundenheit des deutschen Verlages mit der schwedischen Autorin ist auch nach ihrem Tod noch deutlich spürbar, und es heißt in Hamburg ganz klar: *„Mit uns wird es kein zweites Astrid Lindgrens Welt geben.“*

⌃ Die freundlichen Landstreicher haben einen langen Spieltag hinter sich

< Fräulein Bock setzt sich tatkräftig gegen Karlssons Späße zur Wehr

Praktische Hinweise

Information

- **Astrid Lindgrens Värld,** 59885 Vimmerby, Tel. 0492/79800, astridlindgrensvarld.se (ausführliche Website, auch deutschsprachig)

Anfahrt

- Astrid Lindgrens Värld liegt von Vimmerbys Zentrum etwa 15 Gehminuten entfernt, hat einen großen Parkplatz und ist für **Fußgänger** wie **Autofahrer** bestens ausgeschildert.
- Am eigenen **Bahnhof** halten in der Hauptsaison mehrmals täglich Regionalzüge.

Öffnungszeiten

- 17. Mai–20. Aug. tägl. 10–18 Uhr, 25. Aug.–17. Sept. Fr–So 10–17 Uhr (Theater ohne Madita, Ronja und Brüder Löwenherz). Es lohnt sich, früh zu kommen, ein Tag vergeht wie im Flug. In den Herbstferien 28. Okt.–5. Nov. 10–17 Uhr ist zu einem Herbst- und Handwerkermarkt geöffnet (Daten für 2023, in den Folgejahren vermutlich ähnlich, siehe Homepage).

Eintritt

Die Preise (von 2023 in SEK) beinhalten alle Vergnügungen und Darbietungen. Geburtstagskinder haben freien Eintritt.

Tage	1	2	3
Erw.	465	790	975
Kinder (3–14) und Senioren (ab 65)	350	595	735

- An den Wochenenden Ende August und September sind die Preise günstiger, ab 4/5 Tagen lohnt sich eine früh gebuchte **Jahreskarte.** Details findet man auf der Website.
- **Parken** kostet pro Tag 60 SEK.
- **Bollerwagenmiete** für einen Tag 50 SEK

▷ Im Feriendorf hat man viel Platz, um gemeinsam mit anderen Familien den Tag ausklingen zu lassen

▽ Den Klassiker Kjöttbullar med lingon och potatismos gab es in Småland lange, bevor Ikea ihn nach Deutschland brachte

323bu ws

Essen

- Es gibt mehrere **Restaurants** (mit småländischer Küche), **Cafés und Kioske.**
- Es wird Wert darauf gelegt, **schwedische Gerichte** wie Raggmunk (Kartoffelpuffer) oder die grobkörnige Bratwurst aus Småland namens Isterband anzubieten. Natürlich gibt es Waffeln und Pfannkuchen und die obligatorischen Fleischbällchen mit Kartoffelbrei und Preiselbeeren. Dazu erfrischende Säfte.
- Mitgebrachtes Essen zu verzehren, ist auch erlaubt, es gibt zahlreiche **Picknick- und Grillplätze** und auch Brunnen mit Trinkwasser.

Einkaufen

- In der Großen Krachmacherstraße findet man eine **Post und Souvenirläden,** vom Eingang nach links eine **Buchhandlung** mit großer Auswahl an Astrid-Lindgren-Büchern, -CDs und -DVDs, nicht nur auf Schwedisch.

Übernachten

3 Astrid Lindgrens Welt betreibt ein eigenes großes **Feriendorf** und einen **Wohnwagen-/Wohnmobilstellplatz** in direkter Nachbarschaft, Anschrift und Information wie oben angegeben, Tel. 0492/56 47 70. Preisbeispiele: Stellplatz ab 360 SEK, einfache Hütte für 2 Erwachsene, 2 Kinder ab 1190 SEK/Nacht. Im Feriendorf, entstanden als Stadtquartier nach dem Vorbild der „Kleinen, kleinen Stadt", gibt es attraktive, aber auch teurere Unterkünfte, von der kleinen Kate bis zur Villa mit Platz für eine Großfamilie. In den kleinen Sackgassen gibt es viel Platz zum Spielen, die Einrichtung ist retro und praktisch zugleich und erinnert an das Vimmerby des frühen 20. Jahrhunderts (aktuelle Preise und Onlinebuchung direkt über die Homepage).

- Wer mit **Frühstück** (Erw. 115 SEK, Kinder 65 SEK) bucht, bekommt das direkt im Restaurant Majkens Mat in Astrid Lindgrens Welt.
- **Weitere Übernachtungsmöglichkeiten** → andere Kapitel rund um Vimmerby

325bu ws

5

Die drei Höfe von Bullerbü

Sevedstorp

»„Wo ist Bullerbü?“, ist eine beliebte Kinderfrage. Erwachsene dagegen setzen das Wort allzu oft mit einer Idylle gleich, die es so gut wie nicht gibt. Ein Besuch in Sevedstorp, wo Astrid Lindgrens Vater aufgewachsen ist und Lasse Hallström die Bücher verfilmt hat, kommt der Sache wohl am nächsten.

< Kein Museum, sondern ein privates Wohnhaus – der Südhof in Bullerbyn/Sevedstorp

Astrid Lindgren schreibt:

„Wir wohnen auf einem Hof, der Mittelhof heißt. Er heißt so, weil er zwischen zwei anderen Höfen liegt. Die anderen Höfe heißen Nordhof und Südhof. Alle drei Höfe liegen in einer Reihe. (...) Auf dem Südhof wohnt ein Junge, der heißt Ole. Er hat gar keine Geschwister. Aber er spielt mit Lasse und Bosse. Er ist acht Jahre alt und kann auch schnell rennen. Aber auf dem Nordhof wohnen Mädchen. Zwei Mädchen. Ein Glück, dass sie nicht auch Jungen sind! Sie heißen Britta und Inga. Britta ist neun Jahre alt und Inga ist genauso alt wie ich. Ich mag sie beide gleich gern. Nein, vielleicht mag ich Inga ein ganz klein bisschen lieber als Britta. Mehr Kinder gibt es nicht in Bullerbü. So heißt nämlich das Dorf. Es ist ein sehr kleines Dorf. Da sind nur die drei Höfe: der Nordhof, der Mittelhof und der Südhof. Und nur sechs Kinder: Lasse und Bosse und ich und Ole und Britta und Inga."

Aus „Die Kinder aus Bullerbü"

Nord- und Mittelhof von einer großen Feuerleiter aus gesehen

„Heute machen wir einen Ausflug, und wir erzählen euch nicht, wohin wir fahren", verkünden wir unseren Töchtern, zu der Zeit drei und sechs Jahre alt. Wir sind gespannt, wie lange sie brauchen, um den Ort zu erkennen. Die kurze Autofahrt nach Sevedstorp, bei strahlendem Sommerhimmel, leichtem Wind und weißen Wölkchen über uns, entlang an frisch gemähten Wiesen, versetzt uns in fröhliche Ferienstimmung. Der Parkplatz vor dem „Dorf" ist eine Wiese. Der junge Mann, der das Geld entgegennimmt, grinst uns freundlich an. Und dann stehen wir oberhalb der drei Häuser, ochsenblutrot und von gemütlichen Gärten umgeben. „Das ist Bullerbü", ist unseren Töchtern sofort klar, denn so und nur so kann Schwedens bekanntestes Dorf aussehen.

Doch ganz richtig ist das nicht, denn Bullerbü gibt es eigentlich nur im Buch. Hier aber sind wir in Sevedstorp, und das ist für die Geschichten Astrid Lindgrens von besonderer Bedeutung. Hier im Mittelhof ist ihr Vater **Samuel August Eriksson** aufgewachsen, dessen Berichte aus seiner Jugend in die Michel-Streiche eingeflossen sind. Mit ihrer Erzählung für Erwachsene, „Samuel August von Sevedstorp und Hanna in Hult" („Das entschwundene Land") hat sie ihm ein anrührendes Denkmal gesetzt. In unserem Kapitel „Kindheit im, Entschwundenen Land' – das Geburtshaus in Näs bei Vimmerby" kann man mehr zur Familiengeschichte erfahren.

In Sevedstorp vermischen sich gelebtes Leben, Erzählungen und Filme auf wunderbare Weise, denn hier hat Lasse Hallström Mitte der 1980er-Jahre seine **Bullerbü-Verfilmungen** gedreht. Heute tummeln sich zwischen Nord-, Mittel- und Südhof die Besucher, schwedische sowie Touristen aller Herren Länder, um zu sehen, ob ihre Vorstellung von Bullerbü der Wirklichkeit entspricht.

Natürlich sind unsere Kinder zunächst enttäuscht, dass die Häuser nicht von innen zu besichtigen sind, aber sie begreifen rasch, wie schön es ist, dass Bullerbü heute kein Museum ist, sondern ein lebendiger Ort. Hier gibt es **Tiere** zum Streicheln, die hohe **Schaukel** ist fast ständig besetzt. Oberhalb des

☐ Auch in Sevedstorp gibt es eine Art Limonadenbaum

326bu fs

089bu ws

Schuppens gibt es sogar einen **Limonadenbaum,** der eigentlich zu einem ganz anderen Buch gehört, nämlich zu Pippi. Aber hohle Bäume, in denen die Kinder Verstecken spielen, lassen sich fast überall finden, wo man auf Astrid Lindgrens Spuren wandelt, und das kann nicht von Tourismusmanagern erdacht sein.

Die drei Höfe sind weiterhin in Privathand und nicht öffentlich zugänglich. Lediglich der **Mittelhof** wurde an eine Stockholmer Familie verkauft, die das Haus im Sommer an Feriengäste vermietet. Billig ist das natürlich nicht, und wer hier Urlaub machen möchte, muss damit rechnen, dass neugierige Besucher über den Zaun lugen. Vor allem die kleinen unter ihnen haben Spaß daran, im **Heuschober** mit ihren Geschwistern und Eltern um die Wette zu springen oder sich einfach ins duftende Heu fallen zu lassen. Danach gibt es Waffeln mit Marmelade und Kaffee im oder vor dem umgebauten Stall, in dem das Café Sörgården und ein kleiner Laden untergebracht sind. Mit seinen Holztischen und alten Schulmöbeln ist die schlichte Kaffeestube heimelig eingerichtet. An dieser Stelle paaren sich der Sinn fürs Geschäft und für Gemütlichkeit aufs Trefflichste.

Wir hatten in einem Sommer sogar das Glück, an einem Fest teilzunehmen, mit Trödelmarkt, Tombola und alten Männern, die etwas schief und schräg „Lili Marleen“ spielten. Und da die Feuerwehr die große Leiter ausgefahren hatte und geduldig Fuhre um Fuhre in die Höhe beförderte, konnten wir Bullerbü sogar von oben besichtigen.

Auf dem Hof war eine kleine Bühne aufgebaut, und eine Gruppe von Schülerinnen und Schülern versuchte sich

087bu sc

an den **Astrid-Lindgren-Liedern,** die in Småland offenbar jeder kennt. In Deutschland ist nur wenigen bekannt, dass Astrid Lindgren, die selber gerne und oft gesungen hat, all ihre Liedtexte auch selbst geschrieben hat. Wir kennen die Musik hauptsächlich von den Verfilmungen, in Schweden werden sie oft in der Schule gesungen. Vor allem die von **Georg Riedel** vertonten Emil-(Michel-) Lieder sind so etwas wie Allgemeingut geworden. Auch die Bullerbü-Lieder und zum Großteil die Pippi-Lieder stammen aus der Feder von Georg Riedel, einem in Tschechien geborenen Jazzmusiker mit Wohnsitz in Schweden, der aus unserer Sicht unnachahmlich den richtigen Ton getroffen hat.

Unser Sommerfest in Sevedstorp hatte in all seinem Treiben etwas Gemütliches, Heimeliges: Hier kamen Nachbarn zu einem Fest zusammen, die sich viel zu sagen hatten, und niemand nahm übermäßig Notiz von den unvermeidlichen Touristen.

Neben Lasse Hallströms Bullerbü-Verfilmungen gibt es im Übrigen noch die ältere, 1961 **in schwarz-weiß gedrehte Version** von Olle Hellbom. Der 1982 gestorbene Regisseur war Astrid Lindgrens persönlicher Favorit unter den zahlreichen Filmemachern, die sich mit ihren Büchern beschäftigt haben. Sein Bullerbü liegt etwa 50 Kilometer nördlich von Stockholm, in Norrtälje.

⌃ Auch die heutigen Lasses und Lisas lieben es, ins Heu zu springen

‹ Der Pavillon vor der Scheune mit dem Café Sörgården

„Man findet sich aber nicht mehr zurecht, wenn man nach Schauplätzen der alten Verfilmung sucht“, erzählt uns **Waldemar Bergendahl,** Produktionsleiter bei Svensk Filmindustri in Stockholm. Er hat sich sein ganzes Berufsleben lang mit Astrid Lindgren und der Verwandlung ihrer Bücher in Filme beschäftigt und weiß noch heute, wo welcher Film gedreht wurde. So entstanden zahlreiche Buchverfilmungen und Dokumentationen, die immer wieder im Fernsehen oder in den Kinos zu sehen sind. Klassiker wie Michel, Saltkrokan, Pippi Langstrumpf oder Madita sind ebenso darunter wie der Karlsson-Zeichentrickfilm nach den Zeichnungen von Ilon Wikland.

In Lasse Hallströms Filmen aus den 1980er-Jahren kann man Sevedstorp übrigens gut wiedererkennen. Für Waldemar Bergendahl aber ist die erste Bullerbü-Verfilmung durch Olle Hellbom, die 1954 bis 1960 entstanden ist, einzigartig. *„Es war eigentlich ein Kinderfilm, wie es noch keinen zuvor gab“*, sagt er. Für uns, die wir mit den deutschen Übersetzungen der Bullerbü-Bücher groß geworden sind, löst der Filmproduzent in Stockholm nebenbei noch ein Rätsel: Warum, so haben wir uns immer gefragt, heißt Inga im Film eigentlich Anna? Ganz einfach, lautet die Antwort: Weil sie im schwedischen Buch auch Anna heißt und nur im Deutschen „schwedischer“ gemacht wurde.

[>] Frisch gebackene Waffeln mit Sahne und Erdbeermarmelade – eine der kleinen Sommerfreuden, die das Café Sörgården bietet

[v] Endlich ein eigener Hase – wenn auch nur für ein paar Minuten

327bu ws

Praktische Hinweise

Information

- **Homepage** www.astridsbullerbyn.se (teilweise auch auf Deutsch)
- **Veranstaltungen** wie Sommerfest oder Weihnachtsmarkt stehen auf der Homepage, werden aber auch in der Umgebung plakatiert.

Anfahrt

- Von Vimmerby auf der Straße 40 nach Westen Richtung Mariannelund/Jönköping. Nach ca. 10 km links nach Pelarne (1 km) und weiter bis Sevedstorp/ Bullerby (4 km). Anfahrt aus anderen Richtungen siehe Homepage

Öffnungszeiten

- Das Dorf selbst ist das ganze Jahr über zugänglich.

Eintritt

- **Eintritt frei,** Parkgebühr 50 SEK/Auto

Essen und Einkaufen

6 **Café Sörgården** (nicht im Südhof, sondern in der Scheune) mit kleinem Laden: ca. Mitte Juni–Ende August 11–17 Uhr, Juli–Mitte August 10–18 Uhr, Mittsommer geschlossen, Tel. 070/764 6724

Übernachten

7 Eine einfache Hütte in der Nähe **(Smedjestugan)** wird über die Homepage vermittelt. Fünf Betten, Herd und Kühlschrank innen, Waschbecken außerhalb, Zugang zu WC und Dusche beim Café, 625 SEK/Nacht

7 Wer viel Geld (ab 3500 SEK/Nacht) ausgeben will, kann den stilvoll eingerichteten **Mittelhof** für sechs Personen als Ferienwohnung mieten, z. B. über www.stugknuten.com/de/ferienhaus/25465.

- **Weitere Übernachtungsmöglichkeiten** → andere Kapitel rund um Vimmerby

328bu ws

329bu ws

6

Bei Michel auf dem Bauernhof

Katthult

» 2023 wird der freche Bengel Michel, Lieblingsfigur der Autorin, schon 60 Jahre alt. Im Original ein Emil, zählen dessen Streiche zu den beliebtesten Geschichten des Lindgren'schen Kosmos. Der Filmschauplatz Gibberyd bietet Kindern viel Gelegenheit, wie Michel und Klein-Ida zu spielen ...

Rund um Katthult ist es genau wie in den Michel- Büchern beschrieben

Astrid Lindgren schreibt:

„Katthult war ein kleiner hübscher Hof mit einem rot gestrichenen Haus, das zwischen Apfelbäumen und Flieder auf einer Anhöhe lag. Und rundherum gab es Äcker und Wiesen und Haine, einen See und einen großen, großen Wald. (...)“

„Wenn du jemals auf so einem Hof wie Katthult gewesen bist, dann weißt du, dass sich dort ganz schön viele Häuser drängeln. Man kriegt Lust, Verstecken zu spielen, sobald man dorthin kommt. Auf Katthult gab es nicht nur eine Scheune und einen Stall für die Pferde und die Kühe und einen Schweinestall und einen Hühnerstall und einen für die Schafe, sondern auch noch eine Menge anderer kleiner Häuser und Schuppen.

Es gab ein Räucherhaus, wo Michels Mama ihre gute Wurst räucherte, und ein Waschhaus, wo Lina all die schmutzige Wäsche wusch, und dann standen dort noch zwei andere Häuser dicht beieinander. In dem einen waren der Holzschuppen und der Tischlerschuppen und in dem anderen die Mangelstube und die Vorratskammer.“

Aus „Immer dieser Michel“

☑ Welches davon ist wohl Michels Knirpsschweinchen?

Wer heute nach dem Hof sucht, auf dem sich Michel seine lustigen Streiche ausdachte, der wird fündig. Er kann auch ganz zufrieden sein mit dem, was er dort vorfindet. Vom Standpunkt der Wahrheit aus aber muss gesagt werden: Da wurde ein bisschen geschummelt. Die Wegweiser nach Katthult führen nach Gibberyd, einem kleinen Ort, der zum Gemeindebezirk Rumskulla und zur Kommune Vimmerby gehört. Hier hat der Regisseur Olle Hellbom seine wundervollen Filme gedreht, und mittlerweile ist der Hof auf den amtlichen topografischen Karten sogar als Katthult verzeichnet.

Verwirrung gibt es dagegen bei der Namensnennung: **Michel** heißt im schwedischen Original **Emil.** Der Oetinger Verlag hatte sich bei der Übersetzung für den Lausbubennamen Michel entschieden, um eine Verwechslung mit Erich Kästners Emil auszuschließen. Wir werden uns im Folgenden an die deutsche Ausgabe und an Michel halten, wenn sich auch der Emil das ein oder andere Mal einschleichen und für sein Recht sorgen wird.

„(…) Äcker und Wiesen und Haine, einen See und einen großen, großen Wald“: Bis zum heutigen Tag stimmt diese Beschreibung auch für die Gegend rund um Gibberyd. Hier dominiert die Landschaft, ja vielmehr die **Landwirtschaft,** wenn man von dem großen Parkplatz absieht, auf dem im Sommer neben den schwedischen vor allem deutsche Autos stehen. Auf dem Weg zu dem kleinen Anwesen, wo heute noch Privatleute wohnen, die ihr Privatleben auch geschützt sehen wollen, sieht man viele kleine Besucher als Emil: Die Müsse auf dem Kopf, die Büsse aus Holz im Anschlag zeigen sie, dass der kleine Frechdachs zu ihren Lieblingen zählt.

Das gilt übrigens auch für die Autorin selbst: Astrid Lindgren hat einmal in einem Interview bestätigt, dass ihr die Michel-Bücher am liebsten seien und dass es ihr besonders schwergefallen sei, sich von ihm zu trennen, als das Manuskript fertig war. Das liegt nicht allein daran, dass die Geschichten Land und Leute ihrer Heimat Småland so lebendig wiedergeben, sondern auch daran, dass die Schriftstellerin hier die so oft gehörten Erinnerungen ihres Vaters an seine Kindheit verarbeitet hat. Samuel August Ericsson muss ein begeisterter und begabter Erzähler gewesen sein, und Astrid Lindgren hat nie einen Hehl daraus gemacht, dass sie ihren Vater ganz besonders liebte.

Als sich der Regisseur Olle Hellbom Anfang der 1970er-Jahre an die **Verfilmung** machte, war es der Autorin sehr wichtig, dass der Schauplatz in Småland lag und die Schauspieler Dialekt sprechen konnten. An die hundert Höfe hatten sich der Regisseur und sein Team in der Gegend angesehen, bevor sie sich für den Astrid Johansson Gård in Gibberyd entschieden: Hier stimmte die gesamte Umgebung mit Astrids Schilderung und mit Björn Bergs Illustrationen wunderbar überein. Die Besitzerin, eine ältere Dame, war mit den Plänen einverstanden, denn sie dachte sich, dass es ganz lustig werden könnte. Allerdings fanden hier nur die Tischlerschuppen- und die Außenaufnahmen statt – mit einer Ausnahme: der Szene, in der Knecht Alfred krank in seiner Kammer liegt. Die Innenaufnahmen entstanden in der Aula

der Volkshochschule von Mariannelund, der Vimmerby-Markt fand Platz in einer alten Werkstatt, und die Fahrt mit dem kranken Alfred zum Doktor wurde im schneereicheren Nordschweden gedreht. Doch nicht allein in der Schauplatzfrage arbeiteten die Autorin und der Regisseur eng zusammen: Astrid Lindgren hatte auch Einfluss auf die Wahl der Schauspieler – und spielte in einer kurzen Szene sogar selbst mit, als Marktbesucherin in „Michel aus Lönneberga".

Für Katthult/Gibberyd müssen die Besucher nicht allzu viel Zeit einplanen, denn groß ist das Gehöft wirklich nicht. Kleine Kinder werden sich allerdings nicht leicht trennen können, denn es gibt Kaninchen, Hühner, Schafe, ja sogar Schweine zu bewundern. Es gibt einige Gebäude, die unsere Fantasie anregen und Erinnerungen an das in den Michel-Büchern beschriebene alte Småland wach werden lassen. Da ist natürlich der **Tischlerschuppen** (die viel zitierte „Snickerboa"), von dessen Fenster ein schmales Holzbrett zur Vorratskammer hinführte, in der die leckeren Würste gelagert wurden. In der „Trissebude" blieb Michels Vater im Fenster stecken. Wer sich nach der Reise die Filme erneut anschaut, wird seine Freude an vielen Kleinigkeiten haben, die er jetzt mit anderen Augen sieht.

⌃ Heute noch bewohnt und nur von außen zu bewundern: das Wohnhaus von Michels Familie

› Im ehemaligen Waschhaus kann man Filmplakate bewundern und sich kurze Making-of-Filme ansehen

Selbstverständlich steht hier auch eine **Fahnenstange,** an der Michel seine kleine Schwester hochzog, um ihr den Blick auf Mariannelund zu bieten. Als Dreijährige wurde unsere Tochter nicht müde, immer und überall zu rufen: *„Da ist Klein-Idas Fahnenstange."* Und es gibt nicht wenige davon in Schweden ...

Wer ein bisschen mehr Zeit hat, kann ein paar Tiere streicheln, umrundet geruhsam den kleinen **Teich** (in dem heute vermutlich nicht mehr gebadet wird wie zu Michels und Knecht Alfreds Zeiten) oder macht sich auf zu einem Spaziergang durch den Wald rund um Gibberyd.

Auch ein Besuch des **Andenkenladens** lohnt sich, denn hier gibt es nicht nur den üblichen Kram, man kann Neuentdeckungen bei den Büchern und CDs machen. Alles ist nett unspektakulär, und mittlerweile ist Katthult mehr und mehr zu einem kleinen Schmuckstück geworden. Es wurde behutsam erweitert, und der Eintritt, der an einem Kassenhäuschen am Eingang eingefordert wird und zu dem es ein charmantes kleines Faltblatt gibt, ist durchaus gerechtfertigt. Mit den Jahren ist die Umgebung offener geworden, und doch haben die Besucher immer noch das Gefühl, sich auf einem Privatgelände zu bewegen. Vom Teich unterhalb der Gebäude hat man einen guten Blick auf das Haupthaus, und hinter der Holzbude wurde ein kleiner, aber feiner **Spielplatz** mit einer Wasserrinne eingerichtet, auf dem wir auch Erwachsene beim genüsslichen Spielen beobachten konnten. *„Wir wollen das Echte bewahren und sehr vorsichtig mit Veränderungen sein"*, sagt Thomas Johansson, einer von drei Eignern. Seine Großmutter Astrid war die Bäuerin, die Ja zu den Filmaufnahmen sagte, und seine Mutter kam in der Knechtkammer zur Welt. Die Mitglieder der Familie wechseln sich im Sommer ab mit der Arbeit im kleinen Laden; ein großer Freizeitpark soll aus Katthult nie werden.

Seinen Kaffee holt man sich nach wie vor unkompliziert im schmuck eingerichteten Laden ab. Der dazugehörige verwunschene Sitzplatz auf einem kleinen Hügel dient den Besuchern als gemütliche Sitzecke, in der auch der eigene Picknickkorb ausgepackt werden darf.

Stattdessen wurde die „drängstugan", **Alfreds Knechtkammer,** ausgebaut, und auch hier hat die Familie Johansson das richtige Maß gefunden. Es gibt ein Bett, eine Kommode, Blumen auf Tisch und Fensterbank. Kein unnötiger Schnickschnack, Zeitungsartikel zum Nachlesen. Wer sich ein Bild von den Dreharbeiten machen möchte, hat im ehemaligen **Waschhaus** oberhalb des Teichs Gelegenheit. Hier gab es früher eine natürliche Wasserstelle, und im Film sprang hier Lina vom Dach, um einen faulen Zahn loszuwerden. In diesem Häuschen werden vier kurze Dokumentarfilme gezeigt, die während der Zeit der Filmaufnahmen im Fernsehen liefen. Man sieht Jan Ohlsson, den Darsteller des Emil, auf seinem Pferd Lukas, zusammen mit Björn Gustafson (der

331bu ws

173bu ws

den Knecht Alfred spielt). Man erlebt Astrid Lindgren, die sich zu den Dreharbeiten äußert, und sieht die Filmcrew im ersten Schnee, der die Herbstaufnahmen etwas komplizierter machte. Kleine Filme nur, aber sie geben die Atmosphäre der Dreharbeiten schön wieder.

Wer noch gründlicher auf den Spuren von Michel wandeln will, der muss seine Nase doch mehr in die Bücher stecken: Wann immer Astrid Lindgren über ihren Vater **Samuel August** geschrieben hat, zum Beispiel im „Entschwundenen Land", so erinnern sein verschmitzter Humor, sein fröhlicher und lebensbejahender Charakter an den Lausejungen. Ebenso gut kann man also in Näs, Astrid Lindgrens Geburtsort, oder in Sevedstorp (Bullerbü), dem Geburtsort ihres Vaters, auf Michel-Geschichten stoßen. Anekdoten aus Småland wie diese finden sich auch in anderen Büchern wieder. So gibt es eine freundliche Erzählung von einem kleinen småländischen Jungen, der sich mit dem Öffnen von Gattern seinen größten Wunsch, den Besitz von Kaninchen, erfüllt. Die Geschichte vom wütenden Stier Adam Engelbrecht findet man nicht nur in einem wunderschönen Bilderbuch mit Illustrationen von Marit Törnqvist, sondern auch in dem frühen Mädchenbuch „Kerstin und ich".

Im Übrigen aber sind die Michel-Geschichten untrennbar mit dem Namen des Illustrators **Björn Berg** verbunden. Er war 1963, als die Bekanntschaft mit dem Lausejungen begann, schon ein bekannter Zeichner, der für die Zeitung „Dagens Nyheter" arbeitete. Für eine Anthologie über „Nordische Hauptstädte" hatte er ein Bild für das Stockholm-Kapitel gezeichnet. Es zeigt einen kleinen Jungen mit hellem Haar, blauen Augen und blauer Schirmmütze, der auf einer Djurgården-Fähre sitzt. Vorbild war sein eigener Sohn Torbjörn. *„Aber das ist ja mein Emil"*, sagte Astrid Lindgren, als sie das Bild sah, und beauftragte Björn Berg umgehend mit den Illustrationen für das erste Buch. Dieser machte sich mit einem VW-Bus auf die Reise und sah sich gründlich in Småland um. So kommt es, dass manche Schauplätze hier aussehen, als seien sie von Björn Berg erfunden.

Den liebenswürdigen Michel/Emil aber haben wir einem schreienden Enkelkind zu verdanken. Der Dreijährige ließ sich absolut nicht beruhigen – bis Großmutter Astrid ausrief: *„Rate mal,* *was Emil von Lönneberga einmal gemacht hat?*" Das machte den Schreihals neugierig, und so kam der literarische Racker vor 60 Jahren in die Welt und begeisterte von nun an alle mit seinen Streichen. Nur nicht seinen Vater, in den Filmen dargestellt von Alan Edvall, der sich mit dem Verzweiflungsruf „Emiiiil! Förgrömmade unge!" („Verflixter Bengel") in die Filmgeschichte eingeschrieben hat. Doch Michel hat auch einige Lebensweisheiten in die Welt gesetzt, die es mittlerweile zum auf Kaffeetassen verewigten Spruch geschafft haben. *„Unfug denkt man sich nicht aus, Unfug wird's von ganz allein. Aber dass es Unfug war, weiß man erst hinterher"*, ist einer davon.

Von **Lönneberga** allerdings, das mit dem Namen Michels so eng verknüpft ist, kann kaum die Rede sein. Dort beschränkt sich die Spurensuche auf den Ortsrand: An der Hauptstraße von Mariannelund nach Hultsfred steht eine Nachbildung des Tischlerschuppens, in dem ein mehr als lebensgroßer Emil aus Holz sein Schnitzmesser in der Hand hält. Hierher bringen Kinder aus aller Welt kleine und größere Hölzer, in die sie Namen oder Figuren geschnitzt haben. Wie ein Wallfahrtsort sieht das aus, und die jungen Pilger sind sich einig: So lustige und schöne Geschichten wie die von Emil gibt es so schnell nicht noch einmal. Die Figur im Tischlerschuppen stammt übrigens von Torbjörn Berg. Hier hat also ein Emil einen Emil geschnitzt.

☒ Viele geschnitzte Männchen stehen in Michels Tischlerschuppen in Katthult

Praktische Hinweise

Information

- **Katthult,** 59892 Vimmerby, www.katthult.se (übersichtliche Website, auch deutschsprachig), geöffnet ca. Ende Juni–Ende August, tägl. 10–18 Uhr, Mittsommer geschlossen. Das Haupthaus ist nach wie vor bewohnt und daher nicht zugänglich. Eintritt 60 SEK, Kinder (3–17 J.) 30 SEK. Das Gelände kann auch außerhalb der Saison besucht werden, Eintritt dann 20 SEK, Kinder umsonst.

Anfahrt

- Von Vimmerby auf der Straße 40 nach Westen Richtung Mariannelund/Jönköping. Nach knapp 20 km rechts nach Rumskulla (5 km), dort links abbiegen und weiter nach Gibberyd/Katthult (2–3 km).

Bereits ab der Abzweigung von der Straße 40 ist Katthult ausgeschildert. Ein etwas kürzerer, aber schwerer zu findender Weg führt von Vimmerby über den Vorort Åbro direkt nach Rumskulla, dort dann rechts nach Katthult abbiegen. Von Mariannelund Richtung Vimmerby erreicht man die Abzweigung nach Rumskulla auf der Straße 40 nach 1–2 km.

Essen und Einkaufen

- Gut sortierter Buch- und Souvenirladen, Snacks, Eis, Getränke

Übernachten

- **Übernachtungsmöglichkeiten** → andere Kapitel rund um Vimmerby

SMALAND
16/6
Filmbyn
I

332bu ws

7

Blick hinter die Kulissen

Das Filmmuseum in Mariannelund

» Astrid Lindgrens Geschichten eignen sich wie kaum andere Kinderbücher dazu, verfilmt zu werden. In der Regel hatte die Autorin auch einen sehr genauen Blick darauf, dass mit ihrem Stoff kein Schindluder getrieben wurde. Filmbyn Småland widmet sich dieser Seite ihres Schaffens.

< Auf zum nächsten (Film-)Abenteuer: Die Neugier aufs Leben ist den von Björn Berg gezeichneten Kindern sofort anzusehen

Astrid Lindgren schreibt:

„(…) und Lisa wohnte in einem alten roten Holzhaus mit weißen Fensterrahmen, vor dem ein rundes Blumenbeet lag. Das rote Haus steht noch heute. Aber das kann kaum ein Trost für diejenigen sein, die in ihren Briefen die Frage stellen: Gibt es Bullerbü? Das Bullerbü, das sie meinen, ist verschwunden und kann es nie wieder geben … ach jajajaja! Aber ab kommenden Herbst könnt Ihr samstagabends im Fernsehen etwas sehen, was all dem ziemlich nahe kommt."

Astrid Lindgren in der Zeitschrift „Röster i Radio"

„Für mich gibt es keinen Unterschied zwischen Buch und Film. (…) Die Kinder lesen das Buch und sehen den Film. Sie sehen so viele schreckliche Dinge im Fernsehen, deshalb glaube ich, dass sie meine Filme brauchen."

Aus einem Interview von 1992, zitiert in „Von Pippi, Michel, Karlsson & Co. Astrid Lindgrens Filmwelt", Hamburg 2006

Der Laden von Nisse Grankvist auf Saltkrokan, einmal als Kulisse, einmal als Filmclip

333bu ws

Das in den Michel-Büchern öfter erwähnte Mariannelund war lange ein eher untergeordnetes Ziel für Astrid-Lindgren-Touristen. Mit der Eröffnung des Filmmuseums (Filmbyn Småland) hat sich das geändert. Für unsere eigene Begegnung mit Michel wurde der Ort allerdings schon einige Jahre zuvor zu einem besonders liebenswerten Schauplatz.

Im Buch hat hier der Arzt seine Praxis, zu dem der Junge gefahren wird, nachdem er sich seinen Kopf in der Suppenschüssel eingeklemmt hat. Später bringt Michel unter Lebensgefahr den kranken Knecht Alfred zum Doktor und bewahrt ihn so vor dem Tod durch Blutvergiftung. Uns lockten lustige kleine Plakate nach Mariannelund, zu einem **Sommerfest** namens „Liv och Kolifej". Darunter kann man sich in etwa Michels „Lustiges Leben auf der Festwiese" vorstellen. Viele Besucher erschienen wie vorgeschlagen in „alten Kleidern", und so fühlten wir uns wirklich in die Michel- oder Madita-Zeit versetzt. Neben vielen Buden mit Krimskrams befand sich ein großes Zelt, in dem die Besucher an langen Tischen aßen und tranken oder einem Sänger mit Gitarre zuhörten.

Etwas außerhalb des Zentrums stand in einer kleinen Senke eine Holzbühne, und hier gab es **Kindertheater.** Wir hatten zunächst Bedenken, ob unsere Töchter schwedisches Theater verstehen würden, dennoch setzten wir uns auf die Bänke, um zuzusehen. Und dann dauerte es nicht lange, und die Mädchen begriffen: Hier wurde Ole aus Bullerbü gerade ein Zahn gezogen. Später kamen Michel und seine Familie auf die Bühne, um einige seiner Streiche vorzuführen. So viel Spaß, wie diese kleinen Darsteller hatten, als Michel seinem Vater Anton die Suppe ins Gesicht schütten durfte oder dieser „Emiiiiiil" brüllend hinter seinem ungeratenen Sohn herrannte, so viel Spaß hat kaum je eine Schauspielertruppe auf einer Bühne gezeigt.

Von einem Lehrer mit der Ziehharmonika begleitet sangen die Schülerinnen und Schüler auch etliche der Lieder, die wir später noch oft zu hören bekommen sollten. Die Darstellerinnen von Madita und Lisabet ließen die Beine vom Bühnenrand baumeln und kämpften sich tapfer, nicht ohne ab und zu stecken zu bleiben, durch ihr „Pilutta"-Lied. „Pilutta" ist im Deutschen übrigens mit „Ätschi-bätsch" oder „Ätsch, Pustekuchen" zu übersetzen, was sich nicht ganz so gut singen lässt ...

In Småland sind die **Lieder** aus den Lindgren-Filmen, deren Texte ausnahmslos von der Autorin selbst stam-

☐ Neben nachgebauten Kulissen gibt es auch viel Filmequipment zu sehen

334bu ws

men, zum Allgemeingut geworden. Eine kleine Episode, die wir am Rand eines Konzertes erlebten, hat uns besonders beeindruckt. Das Konzert war zu Ende, die Besucher strömten zu ihren Autos und fuhren nach Hause. Nur ein körperbehinderter Mann hatte Schwierigkeiten, aus seinem Rollstuhl heraus- und ins Auto zu kommen. Seine Frau half ihm geduldig, und als es endlich geschafft war, fing sie an zu singen: „Du käre lille Snickerboa" – gerade so wie Michel im Film seinen „lieben kleinen Tischlerschuppen" besingt. In Schweden ist die Bevölkerung eben verspielt genug, um in der Öffentlichkeit Kinderlieder zu singen.

Aber zurück nach Mariannelund. Höhepunkt unseres Sommerfestes sollte nämlich eine **Versteigerung** werden, eine Versteigerung, wie sie im dritten Michel-Band so anschaulich beschrieben ist. Im Buch findet sie auf dem Nachbarhof statt:

„Die Auktion auf Backhorva war bereits in vollem Gang. Die Leute drängten sich um den Kram, der auf dem Hofplatz aufgereiht stand und im hellen Sonnenschein aussah, als hätte er sich verirrt. Auf einer Tonne mitten im Gewühl stand der Auktionator. Er bekam viele gute Angebote für Bratpfannen und Kaffeetassen und alte Holzstühle und ich weiß nicht was alles. Auf einer Auktion, musst du wissen, ruft man dem Auktionator zu, wie viel man für eine Sache bezahlen will. Aber wenn dann einer da ist, der mehr bezahlen will und höher bietet, so bekommt er die Küchenbank oder was es auch ist, um das man gekämpft hat.

Es ging wie ein Rauschen durch die Menge, als Michel und Lukas auf den Hofplatz sprengten, und es waren viele, die murmelten: Wenn der Katthultjun-

ge kommt, ist es wohl besser, gleich nach Hause zu fahren!" Und wirklich, Michel macht ja eine Reihe von „Wahnsinnsgeschäften".

Unser Mariannelunder Auktionator stand auf einer alten Kutsche und pries ausgesprochen vergnügt den alten Kram an. Praktisches, Hübsches und völlig Unnützes wurde nach und nach versteigert, und wir hatten den Eindruck, dass nicht wenige auf diese Art ihre „stuga", ihr Ferienhäuschen, gemütlicher machen wollten. Was der Auktionator nicht loswurde, packten seine Helfer dem nächsten Bietenden kurzerhand noch mit dazu. So kam ein junger Mann in Motorradkluft, der eigentlich alte Bilder sammelte, zu einem Haufen Erbauungsliteratur aus dem 19. Jahrhundert. Andere Bieter ersteigerten einen alten, völlig zerlöcherten Wäschekorb, um ihre Neuerwerbungen damit nach Hause zu tragen. Wer denkt da nicht an Michel und seine Schätze, die ihm so viel Glück brachten?

Ja, Mariannelund haben wir in sehr guter Erinnerung, und das liegt nicht zuletzt an der winzigen **„Karamellkokeri"** (Süßwarenfabrik), in der man den Mitarbeitern durch eine Glasscheibe beim Bonbon- und Pralinenmachen zuschauen kann. Hier entstehen sie, all die rot gestreiften „Polkagrisar" (Zuckerstangen), von denen Astrid Lindgren so genüsslich erzählt, dass ihren Lesern das Wasser im Mund zusammenläuft.

Während allerdings Lisa und Inga aus Bullerbü noch völlig ungeniert in den großen Bonbontopf beim Kaufmann in Storbü greifen, sind die Leckereien in den später entstandenen Büchern schon etwas reduziert. Um die Zähne der Kinder nicht allzu sehr zu strapazieren, wurde in Skandinavien nämlich das sogenannte „Lördagsgodis" eingeführt: Süßes gibt es nur einmal in der Woche, am Samstag (Lördag). Davon erzählt zum Beispiel das Bilderbuch „Natürlich ist Lotta ein fröhliches Kind", in dem der griechische Kaufmann Vassilis Schweden enttäuscht den Rücken kehrt: *„Ihr esst zu wenig Bonbons in diesem Land. Samstag und immer nur Samstag kauft ihr Bonbons, und davon kann ich nicht leben."*

In Mariannelunds Karamellkokeri jedenfalls füllen sich die Besucher nicht nur einmal in der Woche ihre Tüten mit Süßigkeiten. Natürlich steht hier auch Pippis Koffer voller Goldstücke, und wer sein Portemonnaie mit schwedischen Kronen oder die in Schweden mittlerweile allgegenwärtige Kreditkarte zückt, der kann sich Zuckerstangen und all die Bonbons kaufen, für die Schweden berühmt ist. Vielleicht nicht gerade 18 Kilo wie Pippi ...

Hauptattraktion von Mariannelund ist aber seit einigen Jahren ein Museum

◁ Auktion in Mariannelund, beinahe so schön wie in Backhorva, auch wenn's keine Schlägerei gab ...

▽ Da läuft einem das Wasser im Mund zusammen: Auswahl in der Karamellkokeri in Mariannelund

335bu ws

namens **Filmbyn Småland,** in dem es vor allem um die Verfilmungen geht. Es wurde im Sommer 2017 eröffnet und war bei unserem ersten Besuch noch im Wachsen und Werden. Die Idee stammt von **Anna Mellergård,** einer Kulturmanagerin mit viel Erfahrung und noch mehr Energie. Sie hatte an der Östra Storgatan bereits vorher ein provisorisches Filmmuseum eingerichtet, in dem es zunächst nur um die Dreharbeiten zu den Michel-Filmen ging. Filmbyn Småland, etwas außerhalb vom Ortszentrum gelegen, bezieht sich auf die Technik der Lindgren-Filme allgemein, neben Michel stehen auch Ronja, Saltkrokan, Pippi und Bullerbü im Scheinwerferlicht.

„In Vimmerbys Näs geht es um die Schriftstellerin und das literarische Werk. In Astrid Lindgrens Welt werden die Geschichten Wirklichkeit. Das Filmdorf in Mariannelund berichtet, wie aus den Geschichten Filme wurden", erläutert Initiatorin Anna Mellergård. Für die Umsetzung des Projektes wurde ein Wettbewerb ausgelobt, den Ingmarie Halling gewann, eine Kostümbildnerin, die nicht selten im Abspann von schwedischen Filmen auftaucht. Sie war mit der Popgruppe ABBA auf Tournee, war für deren Kostüme verantwortlich und hat sich mit der Einrichtung des ABBA-Museums in Stockholm einen Namen gemacht. Mit Hilfe von mehreren Finanzierungspartnern hat Projektleiter Robert Glader ihre Ideen für das Filmmuseum in Mariannelund schließlich realisiert.

263bu ws

Ein großes Graffiti über dem Übergang vom Museumscafé zur Ausstellung zeigt Astrid Lindgren zusammen mit einigen ihrer berühmtesten Zitate. *„Habe ich es geschafft, auch nur eine düstere Kindheit zu vergolden, bin ich zufrieden"*, ist in großen Buchstaben zu lesen, und das haben sich auch die Ausstellungsmacher vorgenommen. Eine Zeitleiste informiert die Leser über die Drehbücher, die Astrid Lindgren geschrieben hat, und dann beginnt der Rundgang – wie sollte es anders sein – mit bewegten Bildern. Auf einer halbrunden Leinwand wird ein kurzer Film gezeigt, der die Filmgeschichte des Lindgren-Kosmos' ganz gut zusammenfasst.

Nach den ersten beiden missglückten Versuchen einer Verfilmung (ein wenig überzeugender „Meisterdetektiv Blomquist" und eine um eine Liebesgeschichte erweiterte Pippi, in der eine 26-Jährige die Hauptrolle übernahm) hatte sich die Autorin ja zum Glück entschlossen, nichts mehr dem Zufall zu überlassen und alle Texte, einschließlich der Lieder, selbst zu schreiben. In **Regisseuren** wie Olle Hellbom, Tage Danielsson oder Lasse Hallström fand sie kongeniale Filmemacher, deren Adaptationen zeitlos

[<] Hier kann man seinen Kopf in Michels Suppenschüssel stecken – bis jetzt ist noch jeder wieder rausgekommen

[v] Die Tischlerschuppen-Kulisse ist nur ein Nachbau, dafür darf man sie auch einfach so betreten

336bu ws

337bu ws

sind und auch heute noch begeistern können.

Betritt man die Ausstellung von Filmbyn, wird man in der Mattisburg vom Kreischen der Wilddruden empfangen. Hier wird die **Technik** gezeigt, die alltäglich war, bevor die digitalen Spezialeffekte Einzug hielten. Wir erinnern uns, dass sich unsere Tochter als Teenager schlapp lachte über die leicht zu durchschauenden Tricks. Zur Zeit der Entstehung Anfang der 1980er-Jahre war es spannend zu sehen, wie eine kleine Burg als Vorsatzmodell vor dem Berg gefilmt wurde. In Filmbyn Småland können kleine und große Besucher diese Arbeit nachvollziehen. Deshalb sind die Kulissen auch bewusst als Kulissen gestaltet: Erst mit einer Pappscheibe, einem Papier-Okular, das es zusammen mit der Eintrittskarte gibt, ist zu sehen, wie die Kamera die Umgebung eines Studios ausblendet.

An den Wänden sind Zeichnungen von Kostümen zu entdecken, die Besucher bekommen Einblick in Originaldrehbücher und es gibt Originalkostüme, zum Beispiel die der Brüder Löwenherz. Wir selbst nehmen uns sehr viel mehr Zeit für die **gefilmten Interviews** mit Beteiligten. Eine grauhaarig gewordene Ronja (Hanna Zetterberg) erzählt anrührend von ihrem Verhältnis zu Tage Danielsson, dem leider sehr früh verstorbenen Regisseur. Eine ältere Louise Edlind spricht über den Regisseur Olle Hellbom und das damalige Casting. Ihre Mutter hatte nämlich ohne ihr Wissen eine Fotografie eingeschickt, und so ging die junge Frau als Malin

Melchersson in die Geschichte der Saltkrokan-Filme ein. Pippi Langstrumpf/ Inger Nilsson erzählt, dass sie als Kind vom Land eigentlich sehr schüchtern und die Darstellerin der Annika so viel frecher und selbstbewusster gewesen sei. Komponist Georg Riedel berichtet über die Entstehung der Lieder. Die Untertitel auf Deutsch oder Englisch sind hilfreich, und später können die Besucher in einem Kinosaal Ausschnitte der Interviews zu einem Film zusammengefasst noch einmal in Ruhe ansehen.

Besonders begeistert uns ein **Dokumentarfilm zu Ronja Räubertochter,** ein altes Making-of, das zufällig in Norwegen gefunden wurde. Man sieht, wie die Rumpelwichte entstanden sind, wie eine Schauspielerin geschminkt wird und vor der Kamera die Flügel einer Wilddrude bewegt. Für die Darstellung der Graugnomen engagierte man damals 50 Schulkinder aus der Umgebung, die sich begeistert kostümierten. Vieles von dem, was rund um Dreharbeiten wie diese zu erfahren ist, haben die Ausstellungsmacher erst im Kontakt zu Beteiligten erfahren, die auch heute noch gern von ihren Erlebnissen erzählen. So berichtete einmal ein Maskenbildner in Mariannelund von einer kleinen Episode: Börje Ahlstedt, der Darsteller des Mattis, sollte in einer Szene aus Wut Eier an die Wand schmeißen. Eines dieser Eier blieb allerdings heil und flog wieder zurück – ihm an den Kopf.

Eine Station weiter ist der alte **Laden von Nisse Grankvist** aufgebaut, hinter dessen Fenster Regen strömt. Noch während der Bauzeit stiegen hier zwei Gelegenheitsdiebe ein und versuchten, die alte Ladenkasse zu knacken. Sie wurden von einem Polizeihund gebissen und erwischt. Für das Filmmuseum ein gefundenes Fressen, das auf witzige Weise auf das neue Museum in Mariannelund aufmerksam machte. *„Wir haben die Diebe aber nicht engagiert“,* lacht Robert Glader, *„die waren wirklich so dumm.“*

Neueste Errungenschaft ist die Abteilung **„Nils Karlsson Däumling“,** bei der es um den warmherzigen Film von Staffan Götestam (dem Darsteller des Jonathan in „Die Brüder Löwenherz“) geht. Gezeigt werden Original-Requisiten, und auch der Film ist in einem angedeuteten Kinosaal zu erleben, allerdings

◁ Der Komponist Georg Riedel im Interview: Die vielen Hintergrund-Filme sind für Erwachsene eine Fundgrube

▽ Kostümzeichnungen und Stoffmuster: Man bekommt eine Idee, wie viel Arbeit in einem Film wie „Ronja Räubertochter“ steckt

338bu ws

ohne englische oder deutsche Untertitel. Oder sollte man sagen: Wäre zu erleben – wenn der **Geräuschpegel** dieses Museums nicht so hoch wäre? Denn die Musikbeispiele der einzelnen Abteilungen überlappen sich für unsere Ohren auf unangenehme Weise.

Für unseren Geschmack ist Filmbyn Småland insgesamt ein bisschen zu technikorientiert, die Geschichten hinter den Dreharbeiten kommen etwas zu kurz. Doch wer sich für die Entstehung von Filmen interessiert, hat auch Spaß an den zwei Arbeitsplätzen, an denen gezeigt wird, wie früher geschnitten wurde und wie viel der Computer heute unterstützt. Im Obergeschoss probieren wir uns in den kleinen **Tonstudios** aus, in denen man zu Lindgren-Liedern Karaoke singen kann. In zwei **interaktiven Räumen** dürfen wir uns als Klein-Ida an der Fahnenstange fühlen, die Porzellanschale auf Michels Kopf zerteppern, Hühner scheuchen oder Rumpelwichte in den Höllenschlund schubsen. Das alles macht durchaus Spaß, doch wir vermissen die schöne Atmosphäre des provisorischen Filmmuseums, das ja nur als Appetithappen gedacht war. Der große Lärmpegel stört unserer Meinung nach sehr, denn wenn man sich in Bullerbü aufhält, möchte man keine Wilddruden aus dem Ronja-Wald mehr hören.

„Es ist weniger charmant und kuschelig“, bestätigt eine Besucherin unseren Eindruck, die sich dennoch mit ihrer Tochter viel Zeit für die Ausstellungsräume genommen hat. *„Kinder brauchen so etwas nicht, die wollen einfach etwas tun“*, hat Ingmarie Halling bei einem Gespräch behauptet und mit Stolz auf das interaktive Obergeschoss hingewiesen. Das mag bei ABBA passen, die Freunde der Lindgren-Verfilmungen haben aber vielleicht mehr Freude an den Geschichten hinter den Dreharbeiten. Auch Geschäftsführerin Irmela Nilsson Nachtwey verweist auf die Sehgewohnheiten eines jüngeren Publikums, das kein Problem mit sich überschneidenden, unterschiedlichen Klang-Teppichen habe. Wir sind uns in dieser Frage nicht so

339bu ws

sicher, ob etwas weniger in diesem Fall nicht sehr viel mehr gewesen wäre. Wir lieben die Lieder aus den Filmen wirklich, doch nach einem Tag Filmbyn geht uns selbst die grandiose Räubermusik auf die Nerven.

Auch sind im Museum die Gelegenheiten zum Spielen für kleine Besucher eher rar gesät, von einigen Kostümen abgesehen. Spielen kann man vor allem auf dem Außengelände, genannt **„Upplevelseskogen“ (Erlebniswald),** wo es unter anderem eine große „Nicht-den-Boden-berühren-Bahn“ gibt. Von dort führt ein Weg hinunter zum See Åsjön mit einem kleinen Badeplatz. Rund um den See gibt es laut Ingela Nilsson-Nachtwey eine der schönsten Langlaufloipen Schwedens. Wer über das Museum hinaus noch mehr **Michel-Filmschauplätze** sehen möchte, kann das mithilfe eines Flyers samt Informationen von der Homepage des Museums tun. Genannt sind (auch auf Deutsch) ein Dutzend Plätze mit genauer Angabe des Ortes und der Szenen, die dort gedreht wurden.

Mit **„Cycla i Filmlandskapet Småland“** hat man sogar Gelegenheit, die Michel-Gegend mit dem Rad zu erkunden. Die Idee dazu hatten Carina Engqvist und Carina Eldåker: Sie vermieten Fahrräder und bieten detaillierte Wegbeschreibungen mit Karten und GPS-Koordinaten zu unterschiedlich langen Touren an. Die Routen beginnen am Filmmuseum, mit dem die beiden Carinas eng zusammenarbeiten, und führen zu diversen Schauplätzen, darunter auch Katthult oder Bullerbü.

Zudem gibt es einmal in der Woche eine vierstündige geführte Tour mit den beiden, bei der im Fahrradkorb „lokale smaker“, also Leckeres aus der Region, mitgeführt werden. Für dieses Picknick haben Frauen aus der Nachbarschaft kleine, jeweils zu den individuell gestalteten Fahrrädern passende Flickenteppiche gewebt, eine sehr charmante Idee. *„Beim Radeln mit Picknickkorb gewinnt nicht der, der zuerst ankommt, sondern der, der entlang des Weges am meisten erlebt“*, heißt es in ihrem Prospekt. Diese Ausflüge erfreuen sich großer Beliebtheit, denn das, was der Ausstellung ein bisschen fehlt, nämlich eine heimelige Atmosphäre, das scheinen Carina und Carina gut vermitteln zu können. *„Wir lieben es, Geschichten zu erzählen“*, sagen die beiden. „Wenn unsere Gäste nach Hause kommen, sehen sie die Lindgren-Filme mit ganz anderen Augen.“

[<] Akustisch problematisch, aber optisch gut imitiert: die Filmstudio-Atmosphäre

[>] Mit den beiden Carinas wird eine geführte Fahrradtour zum intensiven Småland-Erlebnis

340bu ws

Praktische Hinweise

Information

Filmbyn Småland: Spilhammarvägen 4, 59897 Mariannelund, www.filmbyn.se (auch auf Deutsch). Anfang Mai–Juni tägl. 10–17 Uhr, Juli–Aug tägl. 10–21 Uhr, sonst Fr–So 11–16/18 Uhr, außerhalb des Sommers während der Ferien und an manchen Wochenenden, Eintritt 190 SEK, Kinder (3–15), Pensionäre und Studenten 150 SEK; bei zwei Besuchen lohnt sich die Jahreskarte. Es gibt einen kostenlosen Audioguide, der übers eigene Mobiltelefon und das Gäste-WLAN "Filmbyn Guest" funktioniert. Ein Flyer mit kleiner Karte weist auf all die Drehorte in und um Mariannelund hin, auf der Homepage und jeweils an Ort und Stelle gibt es Erläuterungen dazu.

Anfahrt

Filmbyn Småland liegt ca. 1 km außerhalb von Mariannelund an der Straße 40 nach Vimmerby. Von dort wiederum sind es knapp 20 km.

Essen und Einkaufen

4 Im Restaurant **„Skogen Småland"** in Filmbyn kann man essen, bei gutem Wetter auf der Terrasse, fast im Wald.

2 **Mariannelunds Karamellkokeri:** Parkgatan 14 (ausgeschildert), Mariannelund, Tel. 0496/10063, www.karamellkokeri.se, geöffnet Mo–Fr 9–16 Uhr, in der Hauptsaison auch mal länger und am Wochenende

341bu ws

● In Mariannelund gibt es eine Auswahl an Restaurants und Supermärkten/Lebensmittelgeschäften.

Übernachten

8 In dem Weiler **Näs am Mossjön** (→ Übersichtskarte) wurde Michels Auktion in Backhorva gedreht. Von der Straße Vimmerby–Mariannelund biegt man links in Richtung Mossjön ab und fährt dann auf einem Feldweg weiter. In dem einsamen, schön gelegenen Gehöft Svedlanda kann man von deutschen Vermietern zwei Ferienhäuser, zwei Ferienwohnungen (jeweils für 2–6 Personen), eine Hütte sowie einfache Zimmer mit Sommerküche mieten. Ein eigener Badeplatz ist zu Fuß zu erreichen. Rumskulla Näs 129, 59897 Mariannelund, www.svedlanda.com.

5 Wer gerne auf dem Campingplatz übernachtet, findet nur 500 Meter von Filmbyn entfernt am See **Spilhammars Camping** (Spilhammarsvägen 5, 598 97 Mariannelund, spilhammarscamping.com). Neben Zelt- und Wohnmobilplätzen gibt es auch Wohnfässer, Hütten, Ferienwohnungen und einen Kanuverleih. Stellplätze ab 375 SEK, Hütten ab 650 SEK.

● **Weitere Übernachtungsmöglichkeiten** → andere Kapitel rund um Vimmerby

Radverleih, Tourenvorschläge, geführte Touren

3 **Cykla i Filmlandskapet Småland** (Radeln in der Filmlandschaft Småland, Filmbyn Småland, Spillhammarvägen 4, cyklaifilmlandskapetsmaland.se, Homepage teils auch auf Deutsch) verleiht Fahrräder, Fahrrad inklusive Helm, Karte und Tourinformation 390 SEK, Kinder (bis 15 J.) 190 SEK, E-Bike 550 SEK, es gibt auch Kindersitze, Anhänger und Nachläufer.

Die **Tourenvorschläge,** die an vielen Lindgren-(Dreh-)Orten vorbeiführen, stehen kostenlos auf der Homepage mit Karte als pdf und GPS-Koordinaten zum Herunterladen. Im Filmmuseum kann man die Tourenbeschreibungen auch als Ausdruck mit Karte für 75 SEK kaufen.

In der Saison bietet Cycla i Filmlandskapet Småland mindestens einmal in der Woche eine **geführte Tour** an, zum Teil mit kulinarischen Köstlichkeiten aus der Region. Startpunkt ist immer das Filmmuseum. Eine Reservierung zwei Tage im Voraus ist zu empfehlen, da die Betreiberinnen Wert darauf legen, jedem das passende Fahrrad zur Verfügung zu stellen.

Rumskulla Näs bietet einfache Unterkünfte und entpuppt sich wirklich als die Idylle, die hier auf dem Bild zu sehen ist

8

Mit Ronja durch den Wald

Rund um den Sörknatten in Dalsland

» Der 1984 entstandene Film „Ronja Räubertochter“ fängt die Geschichte atmosphärisch wunderbar ein, auch wenn dessen Tricks heute altmodisch anmuten. Für die Dreharbeiten wählte Regisseur Tage Danielsson Schauplätze in Dalsland. Ein Verein hilft interessierten Wanderern heute bei der Spurensuche.

‹ Blick vom Gipfel des Sörknatten über die Seen Bergtjärnet und Ånimmen

Astrid Lindgren schreibt:

„Und Ronja ging. Ihr wurde bald klar, wie dumm sie gewesen war. Wie hatte sie nur glauben können, dass die große Steinhalle die ganze Welt sei? Nicht einmal die gewaltige Mattisburg war die ganze Welt. Nicht einmal der hohe Mattisberg war die ganze Welt, nein, die Welt war viel größer. Sie war so, dass einem der Atem stockte. Natürlich hatte Ronja gehört, wie Mattis und Lovis über das sprachen, was es außerhalb der Mattisburg gab. Vom Fluss hatten sie gesprochen. Aber erst, als sie ihn mit seinen wilden Strudeln tief unter dem Mattisberg hervorschäumen sah, begriff sie, was Flüsse waren. Vom Wald hatten sie gesprochen. Aber erst, als sie ihn so dunkel und verwunschen mit all seinen rauschenden Bäumen sah, begriff sie, was Wälder waren. Und sie lachte leise, weil es Flüsse und Wälder gab. Es war kaum zu glauben – wahr und wahrhaftig, es gab große Bäume und große Gewässer, und alles war voller Leben, musste man da nicht lachen!"

Aus „Ronja Räubertochter"

Hier in Dalsland begreift man, was Wälder sind

342bu ws

Um den Ronja-Schauplatz in Dalsland ist es viele Jahre lang allzu ruhig geblieben, doch gibt es vielversprechende Bestrebungen, dies zu ändern. Wir selbst haben wiederholt in dieser wunderbaren Landschaft nach Spuren geforscht, immer etwas verwundert, dass wir kaum fündig wurden. Das ist bedauerlich, denn viele Kinder wie Erwachsene zählen dieses Buch – Astrid Lindgrens letzten Roman – zu ihren Favoriten. Der kongeniale Film von Tage Danielsson läuft gelegentlich sogar noch in kleinen Kinos. Ein Großteil der Dreharbeiten von August 1983 bis Juni 1984 fand im berg- und waldreichen Dalsland statt.

Doch es gibt nicht mehr viele konkrete Spuren, die auf die Dreharbeiten hinweisen, obwohl es in **Åmål** einmal ein kleines und interessantes Museum gegeben hat. In den 1990ern entdeckten wir es auf der Durchreise und fanden es sehr gelungen. Leider stauben dessen Exponate seit langem in einem Lagerraum vor sich hin. Dabei könnte diese kleine Ausstellung eine Fundgrube für Filmliebhaber sein, denn Szenograf Ulf Axén hat mit seinen Arbeiten für den Regisseur Tage Danielsson etliche für die damalige Zeit ungewöhnliche Ideen entwickelt. Heute, im Zeitalter der Bildbearbeitung per Computer, muten die filmischen Täuschungen natürlich altertümlich an. Als unsere filmbegeisterte Tochter „Ronja Räubertochter" im Teenageralter neu entdeckte, kugelte sie sich vor Lachen ob der leicht zu durchschauenden Tricks. Doch zur Zeit der Dreharbeiten waren sie ziemlich spannend – und der Film als Ganzes, so finden wir, ist es immer noch.

Dass wir damit nicht alleine sind, konnten wir bei unserem jüngsten Besuch in Dalsland feststellen. Es gibt hier seit 2018 den Verein **„Vandra i Ronjaland"** (Wandern im Ronjaland), und beim obligatorischen Kaffee mit Zimtschnecken in **Fröskog**/Fengersfors erzählen uns **Roy Andreasson,** Charlotte Weidling und Anders Johansson vom Vorstand von ihren Plänen. Roy wird uns später noch auf eine (leider sehr regennasse) Wanderung mitnehmen. Mit ihm hat alles angefangen: Roy begleitete in den 1980er-Jahren das Filmteam auf der Suche nach möglichen Drehorten. Wie kam er zu dieser Arbeit als nebenamtlicher Location Scout? Roy, ein eher bescheidener Mensch, sagt, er wisse das auch nicht mehr so genau. Seine Kollegen lachen, und Anders erzählt: *„Ich weiß es. Die Filmleute haben bei der Gemeinde nachgefragt, und über einen Kajak-Buddy kam der Kontakt zustande."* Denn niemand kannte sich in den Wäldern und Bergen dieser Gegend so gut aus wie Roy, der das Team zu möglichen Schauplätzen führte und mit Fotos und Informationen zu Alternativen versorgte.

⌄ Informative hölzerne Schilder weisen den Weg zu den Drehorten

343bu ws

344bu ws

Er hatte auch die Idee zum Verein „Vandra i Ronjaland". Mittlerweile tun um die 100 Mitglieder im Verein mit, davon 20 bis 30 Aktive. Sie wollen dafür sorgen, dass Familien mit Kindern wieder mehr auf den Spuren der Mattisräuber wandeln können. *„Uns geht es darum, die Natur wahrzunehmen, wie Ronja sie erlebt"*, beschreibt es Anders Johansson, der im Hauptberuf für das hiesige Naturreservat zuständig ist. *„Es geht darum, ihren Geist wahrzunehmen."* Und so stellen die Mitglieder mehrsprachige Schilder mit Informationen auf und haben zudem eine kleine, gut gemachte Broschüre aufgelegt, in der mehrere Wanderungen zu den Drehorten beschrieben sind. Es sind **Wanderungen,** die auch für Ungeübte möglich sind; an schwierigeren Stellen gibt es Treppen und Handläufe. Allerdings ist bei Regen Vorsicht geboten, da die Steine rutschig sein können, und Eltern sollten darauf achten, dass ihre Kinder nicht übermütig werden und zu nahe an einen Abgrund treten.

Sieht man vom Blick auf den See Ärr ab, der im Film des Öfteren zu sehen ist und der einem sofort bekannt vorkommt, ist natürlich nicht viel Handfestes zu sehen. Man muss schon wissen, wonach man suchen kann. Auf dem Weg zu einem Aussichtsberg namens **Predikstolen** gibt es zum Beispiel eine Spalte zwischen Felsen, die als Schauplatz für den **Höllenschlund** diente. Der gefährliche Abgrund des Films ist in Wirklichkeit nur ein paar Meter tief. In

einer Szene wurde Birk hier vom starken Labbas auf die andere Seite geschleudert – um dort sicher auf einer Matratze zu landen. (Andere Höllenschlund-Szenen entstanden unter Zuhilfenahme von Tricks in einem Industriegebiet bei Årsta.) Wenige Meter entfernt ist eine kleine Höhle zu sehen, vor der das Filmteam verkohlte Holzstücke fand. Offensichtlich war hier ein Feuer entzündet worden, und so wurde die kleine Felsöffnung mit Styropor zum Eingang der **Bärenhöhle** ausgebaut, in der Ronja und Birk ihre Selbstständigkeit erproben. Bei den eigentlichen Dreharbeiten habe er ja leider nicht dabei sein können, erzählt uns Roy, aber er erinnere sich gern daran, von der Ferne miterlebt zu haben, wie Lena Nyman als Lovis ihrer ausgebüxten Tochter das Wolfslied sang.

Bei einer Wanderung auf den Gipfel des Bergs **Bläsen** blicken wir von der Höhe aus in einen noch aktiven Quarzsteinbruch. Als Regisseur Tage Danielsson diesen Steinbruch von oben sah, sagte er: *„Hier soll die Mattisburg liegen."*

⌃ Erst durch Styropor und filmische Tricks wurde dieses unscheinbare Loch in den Felsen zum Eingang der Bärenhöhle, in der Ronja und Birk im Sommer leben

‹ Mit Roy Andreasson unterwegs: Der damalige Location Scout führt uns sicher zum Höllenschlund-Drehort

346bu ws

Im Quarzsteinbruch am Berg Bläsen bei Fröskog ist von der Mattisburg nichts mehr zu sehen, aber dank der Hinweistafeln kann man sie sich zumindest vorstellen

Da habe er Herzklopfen bekommen, gesteht Roy, und auch wir empfinden es als Ehre, all diese Plätze gezeigt zu bekommen.

Natürlich: Die Innenaufnahmen sind in einem Studio in Oslo entstanden, die mit Buschwindröschen übersäte Frühlingswiese wurde auf Hallands Väderö in Schonen gefilmt. In der freien Natur von Dalsland gehört schon etwas Fantasie dazu, sich für die Schauplätze zu begeistern. Denn nirgends sind wirklich Relikte der Dreharbeiten zu finden. Dazu braucht es eine **Ausstellung,** und deren Verwirklichung haben sich die Mitstreiter von „Vandra i Ronjaland" vorgenommen. Aber noch warten die fraglichen Modelle in einem Lager auf ihre Erweckung aus dem Dornröschenschlaf. Als Ort käme beispielsweise die ehemalige Zellstoff- und Papierfabrik in **Fengersfors** in Frage. Seit 2003 werden deren Gebäude von Kunsthandwerkern und der Künstlerkooperative Not Quite genutzt, das gleichnamige Café erfreut sich großer Beliebtheit.

Ein passender Ort also für Ronja und für eine Erinnerung an die Dreharbeiten mit Tage Danielsson. Der, zu der Zeit bereits todkrank, sei eine *„oerhört trevlig och behaglig person"*, also außergewöhnlich nett, gewesen, schwärmt Roy. Er selbst, so finden wir, erweist sich auch als ein außergewöhnlich freundlicher und in vieler Hinsicht sehr belesener Führer für uns. Immer wieder schaut er uns forschend an, ob uns die Landschaft gefällt und ob wir die Natur auch zu würdigen wissen. Von Zeit zu Zeit hebt er Müll auf, den Wanderer hier hinterlassen haben. *„Da kann man sich drüber wundern"*, meint er kopfschüttelnd.

Wer Wanderungen wie diese liebt und Ronja-Atmosphäre schnuppern möchte, hat in der Gegend um Åmål reichlich Gelegenheit. Mit diesem Buch, das eigentlich der Kategorie Märchen zuzuordnen und dennoch so realistisch ist, hat Astrid Lindgren der **Natur,** die ihr so wichtig war, ein weiteres Denkmal gesetzt. Die Autorin wollte ja zunächst, dass das Buch in Småland verfilmt wird. Doch nachdem sich Regisseur Tage Danielsson eine Woche lang dort umgesehen hatte, wurde beschlossen, nach einem anderen Drehort zu suchen, und nicht zuletzt dank Roy Andreasson wurde man in Dalsland fündig.

Die Landschaft wird im Buch als urtümlich beschrieben, wild und lieblich, karg und voller Leben zugleich. All das kann man finden, wenn man zu einem anderen unserer Lieblingsplätze fährt, zum Berg **Sörknatten.** Die Anreise ist ohne Wegbeschreibung (→ „Praktische Hinweise") nicht so einfach, wir haben uns in dem großen Wald ein bisschen verfahren, doch allein für den grandiosen Ausblick über Land und Seen lohnt sich der Abstecher. Der Wanderweg zum Gipfel des 142 Meter hohen Sörknatten ist wunderschön. Er führt über Quarzsteine, die wie Glassplitter unter den Füßen knirschen, über Holzbohlen, die über Sümpfe leiten, vorbei an von Bibern gefällten Birken. Über Holztreppen gelangt man auf den Rücken des lang gestreckten Berges, eine Wanderung, die auch Kinder bewältigen können, sofern die Felsen nicht zu nass sind und man ausreichend Pausen einplant.

Von der **Mattisburg** dort ist heute nichts mehr zu sehen, lediglich einige Steinhaufen wecken unsere Neugier. Mit etwas Fantasie kann man sich gut vorstellen, dass hier die Burg einmal gestanden hat und der Bergrücken von Schauspielern, Statisten, Kameraleuten und Beleuchtern nur so wimmelte. Per Helikopter musste damals alles Material zum Drehort transportiert werden, und um nicht eine ganze Burg aufbauen zu müssen, teilte man sie auf. Der untere Teil wurde in „Lebensgröße" aus leichtem Polyurethanschaum hergestellt, der aus der Ferne aussah wie schwerer Granit. Der obere Teil bestand aus einem Modell auf einem Pfahl. Durch die Kamera betrachtet wurden die beiden Teile zu einem. Davon ist jetzt nichts mehr zu ahnen, doch der weite Blick über

107bu sc

⌃ In der Königskluft in Fjällbacka wurden die Wolfsklamm-Szenen gedreht

den Ånimmen-See ist traumhaft schön. Ein gelbes Herrenhaus mitten in den dunkelgrünen Bäumen leuchtet in der Abendsonne, und weit hinten schimmert der große Vänern. Nach Norden geht es den Berg hinunter, ein Weg, den auch Ronja im Film des Öfteren zurücklegt.

Wenig konkrete Spuren also, doch hat es auch wieder sein Gutes, dass hier in Dalsland, in dieser überwiegend unberührten und zum Teil unter Schutz stehenden Natur, kein „Ronjaland" mit Karussells oder Andenkenbuden aufgebaut werden konnte. Wer hier die Mühe auf sich nimmt und zu einer Wanderung aufbricht, der findet sich mitten im Mattiswald wieder und kommt leicht in Versuchung zu sagen: „Jetzt kommt mein Frühlingsschrei!"

Während unserer Reisen entdeckten wir auch außerhalb Dalslands weitere Spuren, die auf Ronja verweisen: An der Westküste, in der Region Bohuslän, gibt es einen bei Touristen äußerst beliebten ehemaligen Fischerort namens **Fjällbacka.** Hier, mitten in dem kleinen Ort, liegt die **Wolfsklamm,** durch die Ronja im Film talwärts läuft, wenn sie in den Mattiswald möchte.

Vom „Ingrid Bergman torg", dem Hauptplatz direkt am Meer aus führt ein Weg durch eine enge Schlucht zum Vetteberg hinauf. Diese **„Kungsklyftan"** wurde nach König Oskar II. benannt, der mit seinem Besuch im Jahr 1886 Fjällbacka in die Reihe der beliebten Seebäder katapultierte. Etwas ängstlich bewegen wir uns den Pfad hinauf, denn über unseren Köpfen hängen riesige Felsbrocken, nur gehalten von den Felswänden rechts und links. Und da, dieser Seitenpfad? Ja sicher, hier standen Klein-Klipp und sein Räuberkollege Wache, als Ronja durch übermütiges Schreien große Steine zum Kullern brachte und fast erschlagen worden wäre. Über eine schöne Holztreppe gelangen wir auf den 74 Meter hohen **Vetteberg,** von dem aus man eine wundervolle Sicht über die kargen und felsigen Schären Bohusläns hat. Wer hätte gedacht, dass wir hier, direkt am Meer, Ronjas Wolfsklamm finden würden? Aber auch Bohuslän besitzt eben wunderbare Natur, die sich für die Lindgren-Verfilmungen eignet.

Wer seinen Urlaub im Norden Schwedens verbringt, hat in Jämtland Gelegenheit, die Wasserfälle zu besuchen, die im Film als **Glupafall** Ronja und Birk auf der Flucht vor den Wilddruden fast das Leben kosten. Diese Szenen wurden zum einen am Åreälv gedreht, dem wichtigsten Quellfluss des großen Indalsälv. Kurz vor seiner Mündung in den See Liten überwindet der Fluss den **Ristafall,** 50 Meter breit und mit einer Fallhöhe von 14 Metern recht beeindruckend. Die eigentlichen Szenen im Wasser wurden allerdings unterhalb des Falles gefilmt – und natürlich mit Stunt-Schwimmern: 14-jährige Doubles mit Perücken. Auch am tief eingeschnittenen **Gaustafallet** ganz im Norden Jämtlands an der Grenze zu Norwegen und Västerbottens Län wurde gedreht, im Film verschmilzt dann alles zu einem Fluss und Wasserfall.

Im Süden Schwedens, mitten in Schonen, kann man bei **Hässleholm** in der Tykarpshöhle den Keller der Mattisburg wiederfinden, in dem Ronja und Birk sich heimlich treffen und beinahe von Glatzen-Per erwischt werden. Die **Tykarpsgrottan** ist keine Höhle im eigentlichen Sinn, sondern ein stillgelegter unterirdischer Kalksteinbruch.

Ein junger Mann führt uns durch das Dunkel und erklärt, wie die Ablagerungen an den Höhlenwänden entstanden sind: Sie stammen von Lebewesen wie Korallen, Schnecken oder Muscheln. Für die Bauern war der Kalkstein für die Herstellung von Mörtel interessant. Also mussten im Winter, wenn es weniger Arbeit gab, Knechte und Mägde in den Steinbruch zwölf Meter unter der Erde, um mit Hammer, Meißel und Hacke das kostbare Material in Blöcken abzuhauen. Von etwa 1880 an wurde der Kalkstein nur noch im Tagebau abgebaut, es blieb ein Labyrinth von Gängen und

Säulenhallen, das sich für die Ronja-Verfilmung sehr gut eignete. Von den Dreharbeiten zum Ronja-Film ist nicht viel mehr zu sehen als ein großes Stück Styropor, das einem Steintrog täuschend ähnlich sieht. Im Übrigen ist die Grotte vor allem spannend für Tierfreunde: Hier gibt es 20 verschiedene Arten von Fledermäusen.

Sogar in **Stockholm** kann man auf Spuren der Mattisräuber wandeln: In der **Schlossruine des Hagaparks** im Norden der Stadt fand der Zweikampf zwischen Borka und Mattis statt. Hier sollte sich entscheiden, wer der Häuptling einer vereinten Räuberbande werden würde, um gemeinsam die Landsknechte aus dem Mattiswald zu vertreiben.

Für die Mattisburg gibt es übrigens ein Vorbild, das man heute noch besichtigen kann. Es ist die **Bischofsburg von Haapsalu,** einem Kurort in Estland, in dem die Illustratorin **Ilon Wikland** zur Welt kam. Ihr selbst war beim Zeichnen gar nicht bewusst, dass sie mit der Mattisburg die Burg ihrer Kindheit wiederbelebt hat, doch die Ähnlichkeit ist nicht zu übersehen. In Haapsalu gibt es ein Museum, in dem die Lebensgeschichte Ilon Wiklands, die während des Zweiten Weltkrieges als 14-Jährige nach Schweden flüchten und schwere Zeiten durchmachen musste, gut dargestellt ist. In einem Bilderbuch („Die lange, lange Reise", Text Rose Lagercratz) hat sie ihre Erinnerungen an diese Flucht und an eine Reise, die sie als kleines Kind ganz alleine machen musste, eindrücklich geschildert.

☐ Kulisse für einen Räuber-Zweikampf: die Schlossruine im Hagapark

347bu ws

Praktische Hinweise

Information

- **Turistbyrå Åmål:** Hamngatan 3, 66231 Åmål, Tel. 0532/17098, einfach bei google „visit amal" eingeben; auch auf Deutsch, geöffnet Ende Juni–Mitte August tägl. 10–17 Uhr, sonst Mo, Di 12–16, Do, Fr 8–12 Uhr. Wenn man ins Suchfeld „Ronja" eingibt, bekommt man einige Tourenvorschläge auch auf Deutsch und einen Link zur unten genannten Broschüre.
- **www.vandraironjaland.se:** Auf der Homepage des Vereins „Wandern im Ronjaland" kann man sich über geführte Wanderungen informieren: sonntags in den Monaten März–Mai und August–Oktober. Zum Download gibt es eine schwedisch- und englischsprachige Broschüre mit mehreren Tourenvorschlägen und Karten.
- **Fjällbacka Turistinformation:** Ingrid Bergmans Torg, 45704 Fjällbacka, Tel. 0525/61188, www.fjallbacka.com, geöffnet nur in der Hauptsaison, aber per Mail immer erreichbar
- **Tykarpsgrottan:** Tykarp 7169, 28192 Hässleholm (→ hintere Umschlagklappe), Tel. 0451/35087, www.tykarpsgrottan.net, geöffnet Ende April–Mittsommer und Mitte Aug.–Ende Sept. Sa, So 11–15, Mittsommer–Mitte Aug. tägl. 9.30–16 Uhr. Eintritt nur mit Führung 140 SEK, Kinder (4–12 J.) 60 SEK, jede Dreiviertelstunde (schwed. oder engl.)
- **Literaturtipp:** Wer lieber in Antiquariaten als im Wald stöbert, dem sei der sehr lesenswerte, aber nicht mehr lieferbare Bildband empfohlen: Tage Danielsson: „Ronja Räubertochter. Das Buch zum Film", Verlag Friedrich Oetinger, Hamburg 1985.
- **Der Film „Ronja Räubertochter" von Tage Danielsson** wurde 1985 bei der Berlinale mit einem Silbernen Bären ausgezeichnet. Derzeit entstehen im Auftrag von Nordic Entertainment Group und Filmlance International zwei Staffeln einer Serie, die aller Voraussicht nach Ende 2023 erstmals ausgestrahlt wird. Drehbuchautor der zwölfteiligen Serie ist Hans Rosenfeldt, Erfinder der düsteren Krimiserie „Die Brücke". Teile wurden in der Festungsruine Bohus in Kungälv nördlich von Göteborg gedreht.
- Wirkliche Ronjafans können auf der Seite https://ronjaraubertochter.jimdofree.com noch einige Entdeckungen machen, allerdings meist in schlechter Bild- und Tonqualität.

Anfahrt

- **Åmål** liegt direkt am Vänern an der Straße E 45 zwischen Göteborg und Karlstad, 180 km nördlich von Göteborg, 75 km südwestlich von Karlstad.

GPS↓ Um zum **Naturreservat Sörknatten** zu finden, muss man ca. 30 km südlich von Åmål von der E 45 nach Westen abzweigen (Wegweiser Snäcke 3 km) und auf einer kleineren Straße am Westufer des Sees Ånimmen nach Norden fahren. Nach 6–8 km zweigt kurz vor Salebol beim Weiler Känsbyn nach links ein Fahrweg ab, der zum Naturreservat Sörknatten ausgeschildert ist. Nach einigen weiteren Kilometern endet der Fahrweg an einem Wanderparkplatz. Von hier geht man in nördlicher Richtung etwa eine gute Stunde zum Gipfel des Sörknatten.

GPS↓ Eine anspruchsvollere Route führt **von Norden auf den Sörknatten.** Ausgangspunkt ist ein Wanderparkplatz am Nordende des Naturreservats beim Berg Baståsen. Von hier geht es gut orange markiert, aber oft ohne Weg immer den Berggrat entlang über 5,5 km bergauf und bergab zum Gipfel. Ein wunderschöner Weg mit beeindruckenden Ausblicken, aber nicht ganz einfach zu gehen, insbesondere wenn Regen die Felsen rutschig werden lässt.

GPS↓ Vom gleichen Wanderparkplatz erreicht man die Drehorte **Helvetesgapet und Björngrottan:** Gut 500m auf der Schotterstraße nach Norden leicht bergauf, dann steht auf der linken Seite ein Hinweisschild. Ab hier geht es einen unmarkierten Pfad links den Berg hinauf. Wenn es etwas flacher wird, muss man sich links halten und erreicht bald den eher unscheinbaren Höllenschlund. Von hier noch ein paar

Meter den Hang hinab ist schnell die Bärenhöhle erreicht, ein kleines Loch im Fels, das nur mit viel Fantasie zur Höhle rekonstruiert werden kann. Wer nicht fündig wird, kann zumindest die wunderbare Aussicht auf den See Ärr genießen.

GPS Noch etwas weiter nördlich liegt der Ort **Fröskog** (ca. 20 km südwestlich von Åmål). Im dortigen Quarzsteinbruch am Berg Bläsen wurde der Burghof aufgebaut. Davon ist heute aber nichts mehr zu sehen.

- **Fjällbacka** liegt direkt an der Westküste, von Göteborg gut 100 km nach Norden auf der E6, dann 15 km auf der 163 an die Küste.
- Der **Ristafall** liegt in Jämtland in der Nähe des Ortes Åre, ca. 80 km westlich von Östersund. Vom Campingplatz Ristafallet aus (→ Übernachten) kann man zum Wasserfall laufen.

Essen und Einkaufen

- In Fengerfors kann man sich in einem **„lanthandel"** mit Proviant und Getränken eindecken – gut, wenn man auf der Suche nach den Schauplätzen einige Zeit unterwegs ist (https://fengersforsfroskogslanthandel.business.site/). In kleineren Orten gibt es oft nicht mehr als einen Kiosk bei der Tankstelle.
- Gute Cafés gibt es sowohl in Fjällbacka als auch bei der Tykarpsgrottan. Interessant ist auch das **Café/Restaurant Not Quite** in **Fengersfors.** Es gehört zu einem Kulturzentrum, das in Zukunft eine Ausstellung zu den Dreharbeiten der Ronja-Verfilmung beherbergen könnte.

Übernachten

- **Villa Weidling B&B in Fröskog,** Hensbyvägen 10, 66295 Fengersfors, Tel. 076 1415270, www.villaweidling.com, DZ ab795 SEK inkl. Frühstück. Lotta Weidling hat sich mit dem B&B einen Traum erfüllt, umsorgt ihre Gäste, kennt sich gut aus und hat viele Wander- und andere Tipps für die Umgebung parat. Sie arbeitet mit im Verein „Vandra i Ronjaland".
- **Nordic Refuge,** Hensbyvägen 15, 66295 Fröskog, www.nordicrefuge.se, DZ ab 1300 SEK inkl. Frühstück, ist im Retro-Stil der 1950er-Jahre eingerichtet.
- **Fengers Husrum,** Fröskogsvägen 1, 66295 Fengersfors, https://fengers.se, DZ ab 895 SEK; hier wohnt man zwischen in der eigenen Werkstatt aufbereiteten Möbeln, die man auch kaufen kann.
- **Edsleskogs Wärdshus,** Timmerviken 134, 66291 Edsleskog/Åmål, Tel. 0532/ 51055 www.edsleskogswardshus.se, DZ 975 SEK inkl. Frühstück, westlich von Åmål Richtung Bengtfors am Edslansee. Die Holländer Hanneke und Johan Postma bieten gemütlich eingerichtete Zimmer, auch Vollpension, und einen eigenen Badeplatz.
- Vor Fjällbacka liegt eine über eine Brücke erreichbare **kleine Insel,** und hier befindet sich **Badholmens Vandrarhem.** Sehr einfach, aber Lage, Aussicht und Badeplatz sind attraktiv und daher schnell ausgebucht. Badhusgatan, 45740 Fjällbacka, Tel. 0525/32150, www.hamburgsundsbokning.se/ badholmensvandrarhem.html, 1100 SEK/DZ
- **Ristafallet Camping & Café,** Rista 321, 83794 Undersåker, www.ristafallet.de, schön gemachte Homepage, auch auf Deutsch

Das Kulturzentrum Not Quite in Fengerfors: gut für Kultur und Kulinarik

348bu ws

349bu ws

9

Mit Madita am Fluss

Spurensuche in Söderköping

» Die liebenswerte Madita ist einer Freundin der Autorin aus Kindertagen nachempfunden. In Söderköping, idyllisch am Göta-Kanal gelegen, verfilmte Göran Graffman die beiden Bücher. Mit etwas Fantasie könnte man hier einem Mädchen begegnen, dem „die Einfälle so rasch kommen wie'n Ferkel blinzelt“.

◁ Den kleinen Fluss Storån kann man in den Madita-Filmen immer wieder sehen

Astrid Lindgren schreibt:

„In dem großen roten Haus unten am Fluss, da wohnt Madita. Dort wohnen auch Papa und Mama und die kleine Schwester Elisabet, ein schwarzer Pudel, der Sasso heißt, und das Kätzchen Gosan. Und dann noch Alva. Madita und Elisabet wohnen im Kinderzimmer, Alva in der Mädchenkammer, Sasso in einem Korb auf dem Flur und Gosan vor dem Herd in der Küche. Mama aber wohnt beinah überall im Haus und Papa auch, wenn er nicht gerade in der Stadt ist und für seine Zeitung schreibt, damit die Leute dort etwas zu lesen haben."

„Die Sonne scheint so warm, von den Wicken im Beet weht der süßeste Duft herüber, die Hummeln surren über das Gras und sacht und still fließt der Fluss an Birkenlund vorüber. Man spürt am ganzen Leib, dass es Sommer ist, denkt Madita und planscht mit den Füßen im lauwarmen Wasser."

Aus „Madita"

Söderköping wirkt heute noch so beschaulich wie zu Maditas Zeiten

109bu ws

Um gar nicht erst falsche Hoffnungen zu wecken: Maditas Spuren in Söderköping sind äußerst spärlich. Zwar wurden ihr Weg zur Schule und viele andere Außenaufnahmen wirklich hier in der Stadt gedreht, aber das Wohnhaus Birkenlund selbst ist eine Villa in Privatbesitz nördlich von Uppsala, und auch das heute private Schulhaus, auf dem Madita und ihre Klassenkameradin Mia so waghalsig balancieren, liegt weit außerhalb der Stadt. Es gibt aber den Fluss, der sich gemütlich durch die Stadt schlängelt. Trotz seines Namens Storån (großer Fluss) ist er nur ein paar Meter breit, und man könnte sich gut vorstellen, dass Madita und Lisabet irgendwo am Ufer „Moses im Schilf" spielen.

Vorbild für das unternehmungslustige Mädchen war übrigens **Anne-Marie Fries,** eine Bankierstochter aus der Nachbarschaft, die eine sehr wichtige Spielkameradin und später sogar Mitarbeiterin beim Verlag Rabén & Sjögren war. Sie und ihr Vater sorgten unter anderem dafür, dass Astrid gegen den anfänglichen Wunsch ihrer Eltern weiter zur Schule gehen und das Realschulexamen machen durfte (→ Kapitel 3 „Vimmerby").

Die Stadt Söderköping wirkt im Ortskern heute noch so beschaulich, wie es vermutlich Vimmerby zu Astrid Lindgrens Zeit gewesen ist – kein Wunder, dass sie von Regisseur **Göran Graffman** Ende der 1970er-Jahre als Filmschauplatz ausgewählt wurde.

Dennoch hat man als Lindgren-Fan nicht viel verpasst, wenn man nicht in Söderköping gewesen ist. Liegt es aber auf der Strecke, so ist die gemütliche Kleinstadt einen Abstecher durchaus wert, nicht zuletzt wegen des lebhaften **Schleusenbetriebs am Göta-Kanal,** der ebenfalls direkt am Stadtkern vorbeifließt. Auch der Blick vom Steilufer auf der anderen Seite des Kanals aus auf die Stadt ist wunderschön.

Mehr noch als mit dem Film bringen Astrid-Lindgren-Leser ihr Madita-Bild wohl in Verbindung mit **Ilon Wikland.** Die Illustratorin, die sehr eng mit der Autorin zusammengearbeitet hat, erntete für das 1959 entstandene Buch (Originaltitel: „Madicken", der Folgeband heißt auf Schwedisch „Madicken och Junibackens Pims") durchaus auch Kritik. Die Darstellung der Kinder war in manchen Augen zu süßlich. Sieht man sich

☑ In dieser freundlichen Einkaufsstraße liegt die Zeitungsredaktion von Maditas Vater, bis vor wenigen Jahren tatsächlich der Sitz der Norrköpinger Zeitung

350bu ws

351bu ws

aber die prügelnden Mädchen an oder die ungewöhnliche Perspektive, wenn Madita auf dem Dach balanciert, kommt man zu einem anderen Ergebnis.

Wer hier in Söderköping auf den Spuren von Madita und ihrer kleinen Schwester Lisabet wandelt, der hat vor allem die Filmbilder im Kopf und sucht nach einer Idylle, die heute durchaus noch zu finden ist. Wer darüber hinaus in der Hauptsaison aufmerksam den Veranstaltungskalender studiert, wird vielleicht auf die **Führungen „I madickenfilmarnas kvarter“** („Im Stadtviertel der Madita-Filme“) stoßen. Bei diesem speziellen Angebot für Familien mit Kindern führen Schauspielerinnen durch den Teil der Stadt, in dem viele Filmszenen gedreht wurden.

Verkleidet als **Magd Sofia** lassen sie die Geschichte der Stadt lebendig werden. Die Figur dieser Sofia ist einer tatsächlich existierenden Frau nachempfunden, die um etwa 1910 im Dienst einer Familie Rehnborg stand. Zu der Zeit also, in der auch die Madicken-Filme angesiedelt sind. Für die Zuhörer sind Grundkenntnisse in Schwedisch dabei natürlich von Vorteil, doch die jungen Frauen machen das so nett, dass auch Nicht-Schweden ihren Spaß haben können. Grundkenntnisse der Lektüre sind allerdings eine gute Voraussetzung, denn gelegentlich sind auch Madita und Lisabet bei diesen Führungen mit von der Partie. Ausgehend vom Rådhustorget (Rathausplatz), wo Lisabet bei Doktor Berglund von der in die Nase ge-

219bu ws

steckten Erbse befreit wurde, geht es auf eine Rundtour durch den Stadtkern.

Am Fluss, etwa an der Stelle, an der Madita weinend nach Hause humpelt, weil sie beim Maifeuer eine ihrer neuen Sandalen verloren hat, demonstriert die Magd Sofia, wie die Dienstmädchen vor über hundert Jahren die Wäsche waschen mussten: sommers wie winters und bei jedem Wetter von einem Steg aus im Fluss. Die Kinder sind meist sehr beeindruckt und werden sicher nicht so schnell von der „guten alten Zeit" schwärmen, zumal wenn sie hören, dass Sofia nie Urlaub bekam und die gesamte Wäsche einer Familie mit 15 Kindern waschen musste. Da hat es *„meine Freundin Alva"*, die bei Maditas Eltern im Dienst steht, doch etwas besser.

Als Sofia am Wirtshaus namens „Trillin" (in der deutschen Ausgabe „Kehrwieder") vorbeikommt, beginnt sie, auf die Männer zu schimpfen, die sich dort ihren Rausch antrinken. Wer denkt da nicht an den großartigen Schauspieler **Allan Edwall,** der als besoffener Lebenskünstler Onkel Nilsson am Fluss in einer Schneewehe liegt und Zigarre rauchend mit Madita plaudert.

⌃ Anna-Maria Lindkvist führt als Magd Sofia Kinder durch die Stadt

‹ Früher mussten die Mägde hier am Fluss die Wäsche waschen

352bu ws

Nach etwa einer Dreiviertelstunde ist der Rathausplatz wieder erreicht, die Besucher kehren zurück in die Gegenwart. Die kleinen Touristen haben einen kurzen Eindruck vom Alltag einer Magd der Jahrhundertwende bekommen und werden vielleicht beim Lesen die Figur des Dienstmädchens Alva etwas genauer wahrnehmen. Mag sein, dass die Familie Engström allzu positiv gezeichnet ist, doch gerade in der Haltung des Zeitungsredakteurs und seiner Frau dem Dienstmädchen gegenüber ist viel von Astrid Lindgrens Lebenseinstellung zu entdecken. Sie vermittelt ihren jungen Lesern, dass man respektvoll mit anderen umgehen sollte, auch wenn sie auf der sozialen Leiter niedriger stehen oder ein Taugenichts wie Onkel Nilsson sind.

⌃ Hinter diesen schönen Schaufenstern saß im Spielwarenladen die Puppe, die Madita sich wünschte. Die Schrift verheißt dagegen ein Fleisch- und Lebensmittelgeschäft. Mal sehen, was für ein Laden hier als nächstes einzieht

▷ Die Schlangen vor der Eisdiele Smultronstället am Göta-Kanal sind immer lang, aber es lohnt sich – ebenso wir der steile Aufstieg zum Pavillon auf der anderen Kanalseite. Die Aussicht auf die Stadt ist fantastisch!

Praktische Hinweise

Information

■ **Söderköpings Touristbyrå:** Margaretagatan 19 (im Gebäude Stinsen, direkt an der E22), 61480 Söderköping, Tel. 0121/ 18160, www.visit.soderkoping.se

■ **Führungen „I madickenfilmernas kvarter"** gibt es ein paar Mal im Sommer, meist montags um 15 Uhr im Juli/Anfang August. 50 SEK für Kinder und Erwachsene, Start ist am Rathausplatz. Wer sie verpasst, kann sich auf der Homepage des Touristenbüros einen Flyer (schwedisch und englisch) für die eigene Madita-Wanderung herunterladen oder ihn dort gedruckt abholen.

■ **Göta-Kanal:** Die Schleuse hat keine festen Zeiten, sondern wird in der Saison nach Bedarf bedient, oberhalb liegt der Segelhafen, unterhalb starten die Ausflugsdampfer.

Anfahrt

■ Söderköping liegt an der E22, die entlang der Ostseeküste von Kalmar nach Norrköping führt, ca. 15 km vor Norrköping.

Essen

■ Direkt an der Schleuse liegt die **Eisdiele „Smultronstället"** (Slussplan, 61434 Söderköping, Tel. 0121/21611, www.smultronstallet.se) mit einer riesigen Auswahl. Geöffnet Mai–Aug. 10–18 Uhr, in der Hauptsaison abends auch länger. Dank ihrer großen Beliebtheit ist allerdings mit langen Warteschlangen zu rechnen.

Übernachten

■ Bei der Suche nach Übernachtungsmöglichkeiten (z. B. Hotels oder Ferienhäuser), etwa im benachbarten Sankt Anna skärgård, ist das Turistbyrå behilflich.

353bu ws

354bu ws

10 Die Dalagatan und ihre Umgebung

Streifzüge durch Stockholm

» Mehr als 60 Jahre lang lebte die Autorin in einer eher bescheidenen Wohnung im Vasaviertel. Als sie 2002 starb, gab es ein Staatsbegräbnis und einen beeindruckenden Trauerzug durch die Innenstadt. Mitglieder der Astrid-Lindgren-Gesellschaft führen kleine Besuchergruppen durch die Privatwohnung.

< Blick vom Turm des Stadthauses: im Vordergrund Riddarholmen, dahinter Gamla Stan, die Altstadt, links oben das kastenförmige Schloss

Astrid Lindgren schreibt:

„Stockholm im Sommer – ja, das liebe ich! In den Mittagspausen auf der Treppe des Konzerthauses sitzen und sich sonnen, abends im Berzelii-Park eine Tasse Kaffee trinken und die Musik vom Berns-Café hören, in ein Kino gehen, in dem ein guter alter Film läuft, den man so gern noch einmal sehen wollte, und hinterher in die warme Dunkelheit hinauskommen und nicht frieren, obwohl man keinen Mantel anhat – sind das alles nicht wunderbare Sensationen? Auf allen Plätzen stehen große Krüge mit Blumen, ja, die ganze Stadt blüht auf, auch die Menschen, das geistige Klima wird gewissermaßen etwas milder und weicher als sonst, man hört überall in den Straßen fremde Sprachen, aufregende Sprachen, und sieht eigentümliche Menschen aus allen Ecken der Erde, und plötzlich überkommt einen das angenehme Gefühl, dass man in einer Metropole wohnt, glücklicherweise nicht in einer großen Metropole, sondern in einer winzig kleinen, blühenden und reizenden, die im Sonnenlicht auf blauem Wasser schwimmt."

Aus „Kati in Italien"

Unser erster Weg in der Stadt führt oft abends über den Monteliusweg in den kleinen Ivar Los Park mit umwerfender Aussicht

355bu ws

Ein Rundgang durch Stockholm auf Astrid Lindgrens Spuren? Ja, aber nicht an einem Tag. Hat man einen Stadtplan der schwedischen Metropole vor sich, so blitzen einem überall Namen entgegen, die mit der Schriftstellerin und ihren Büchern verknüpft sind. Ausgangspunkt aller Streifzüge aber kann die Dalagatan sein, Dalagatan Nummer 46, im Vasaviertel. Hier hat Astrid Lindgren über 60 Jahre lang gewohnt, von ihrem Einzug mit ihrer kleinen Familie im Jahr 1941 bis zu ihrem Tod am 28. Januar 2002, im Alter von 94 Jahren.

Mit dem Beginn in der Dalagatan kamen für die junge Frau bessere Zeiten. Hinter ihr lagen eine Schwangerschaft mit 18 Jahren, und das in einer Kleinstadt wie Vimmerby. Und dann die Zeit der **Sekretärinnen-Ausbildung,** in der sie hungerte und nur mithilfe der Lebensmittelpakete aus Näs überlebte. Jede Öre kratzte die junge Mutter zusammen, um ihren Sohn in Kopenhagen bei seiner Pflegemutter zu besuchen. Erst als Lars zu den Großeltern nach Vimmerby kam und sie ihren Mann Sture Lindgren kennenlernte, gab es eine etwas sorgenfreiere Zeit für Astrid Lindgren. Von Herbst 1931 an durfte Sohn Lasse bei ihr und Sture in der **Vulcanusgatan** in Stockholm wohnen, 1934 kam die kleine Schwester Karin auf die Welt.

Astrid Lindgrens Karriere begann, wenn man so will, mit einem Wettbewerb des **Verlags Rabén & Sjögren,** bei dem sie 1944 den zweiten Preis für das beste Mädchenbuch gewann („Britt-Mari erleichtert ihr Herz"). Noch zweimal hat sie sich an einem Wettbewerb des gleichen Verlages beteiligt: 1945 gewann „Pippi Langstrumpf" den ersten Preis, 1946 „Meisterdetektiv Kalle Blomquist".

Und so entstand ein Buch nach dem anderen, in eiserner Disziplin. Vormittags wurde geschrieben, nachmittags arbeitete Astrid Lindgren als **Lektorin** bei Rabén & Sjögren und baute dort eine Abteilung für Kinderbücher auf, deren Einfluss auf die skandinavische Kinderliteratur kaum zu überschätzen ist.

Ihre eigenen 40 Kinder- und Jugendbücher sowie fast 50 Bilderbücher wurden mittlerweile in **mehr als 100 Sprachen** übersetzt.

Hinzu kommen noch fast 20 Theaterstücke und mehrere Liederbücher. Grob geschätzt gibt es rund 170 Millionen Exemplare, davon über 12 Millio-

☑ Die Originalausgabe der Pippi Langstrumpf mit den Zeichnungen von Ingrid Vang Nyman

117bu

nen in Schweden, über 30 Millionen in Deutschland. Es gibt um die 50 Filme und TV-Serien, 27 davon basieren auf den Drehbüchern der Autorin, es gibt acht Kurzfilme und mehrere Zeichentrickfilme, weitere sind geplant. Jährlich werden circa zwei Millionen Bücher verkauft, davon 750.000 in Deutschland und 300.000 in Schweden.

Die Zahl ihrer Preise und Ehrungen ist kaum zu zählen, doch sie war auch unbequem, **gesellschaftskritisch und meinungsbildend.** Sie war für den Tierschutz aktiv und engagierte sich gegen Kernkraft, sie setzte sich für die Rechte der Kinder ein und leitete sogar mit ihrem Steuer-Märchen von der Hexe Pomperipossa einen Regierungswechsel ein.

Die Dalagatan selbst ist eine größere, eher gewöhnliche Straße, doch der Gedanke daran, welche Werke hier entstanden sind, macht sie anziehend für Literaturfreunde. Neben dem Hauseingang hängt eine kleine Plakette: **„Astrid Lindgrens hem 1941–2002“** (Astrid Lindgrens Heim). Das Haus: eines von vielen Mehrfamilienhäusern. Die Wohnung: eine nicht besonders große Vierzimmerwohnung mit Blick auf den Vasapark. Geschrieben aber hat die Schriftstellerin in einer kleinen, gemütlichen Kammer. Auf einem Bett liegend und eifrig stenografierend.

All diese **Stenogrammblöcke** liegen in der Königlichen Bibliothek von Stockholm. Bis 2010 sichtete und ordnete die mittlerweile pensionierte Literaturwissenschaftlerin Lena Törnqvist das Material. Mit 140 Regalmetern, 75.000 Briefen und 100.000 Zeitungsausschnitten ist es nicht nur das umfangreichste Archiv der Bibliothek zu einer Person, es wurde 2005 auch als Erstes in Schweden zum **UNESCO-Weltdokumentenerbe** erklärt. *„Selbst die besten Stenografen*

282bu ws

können heute nicht mehr alles entziffern", hat uns Lena Törnqvist verraten. Seit 2020 arbeiten jedoch Literaturforscher am Schwedischen Kinderbuchinstitut und Stenografen gemeinsam am Projekt Astrid-Lindgren-Code, um die Manuskripte zu erschließen.

In der **Wohnung (1)** selbst ist alles beim Alten geblieben. Die Einrichtung wurde nach dem Tod der Autorin erhalten, Möbel, Bücher, Bilder – alles soll so bleiben, wie es in all den Jahren war, in denen Astrid Lindgren hier allein gewohnt hat. Für ein öffentliches Museum ist die Vierzimmerwohnung nicht geeignet, dennoch wurde alles bewahrt und ist in einem kleineren Rahmen auch der Öffentlichkeit zugänglich. Nach all den Jahren ist es immer noch die Familie, die die Miete zahlt, doch dafür, dass Besucher hier andächtig umhergehen dürfen, sorgt die Astrid-Lindgren-sällskapet, die Astrid-Lindgren-Gesellschaft.

Als wir im Sommer 2003 auf der Suche nach der Wohnung waren, standen wir leicht verunsichert auf der Straße. Wir hatten die Hausnummer vergessen und mussten geradezu Detektiv spielen. Die Rollos waren heruntergezogen, im Erdgeschoss befanden sich Restaurants, alles war erfreulich unspektakulär. So kann man es sich auch zu Lebzeiten der Autorin vorstellen: Im Gegensatz zu manchen ihrer Schriftstellerkollegen hielt Astrid Lindgren offensichtlich nichts vom Repräsentieren, und welche Journalisten sie auch immer in ihrer Wohnung empfing, fast alle hatten an-

◁ Das Wohnzimmer in Astrid Lindgrens Wohnung in der Dalagatan

▽ Die meisten Manuskripte hat Astrid Lindgren zunächst stenografiert und dann an dieser Maschine ins Reine getippt

265bu ws

356bu ws

schließend das Gefühl, als persönliche Freunde wieder gegangen zu sein. Bei einer so bekannten Persönlichkeit auf eine derartige Bescheidenheit zu treffen, lässt immer wieder staunen.

An einem Augustnachmittag 14 Jahre später empfängt uns **Lena Törnqvist** in der Dalagatan. Wenn es jemanden gibt, der alles über die Kinderbuchautorin weiß, dann ist es diese Frau. Zu jedem Bild an der Wand, zu jeder Figur auf dem Bord, zu nahezu allen Büchern im Regal weiß sie eine Geschichte zu erzählen. Das Gespräch, das bei einer Tasse Kaffee auf der Lindgren-Terrasse im Vasapark fortgesetzt wird, dauert mehrere Stunden. Denn die 70-Jährige erzählt gerne, auf witzige und unterhaltsame Art und dabei warmherzig und liebevoll. In ihr hat Astrid Lindgren eine Biografin gefunden, die mündlich weitergibt, was ihrer Ansicht nach entscheidend für deren große Popularität war. Und auch in ihren zahlreichen Aufsätzen und Büchern liefert Lena Törnqvist stimmige Interpretationen der Bücher wie kaum andere. Nicht zuletzt, weil bei ihr die Fakten stimmen, was man leider nicht von allen Lindgren-Interpreten sagen kann.

⌃ Blick über den Riddarfjärden auf das herrschaftliche Viertel Mariaberget auf Södermalm

› Seit 1996 gibt es im Tegnérpark ein Denkmal, das auf die weniger bekannten Erzählungen der Autorin verweist

Die Dalagatan 46 wirkt trotz der Besuchergruppen sehr privat. Die Möbel haben schon bessere Tage gesehen, doch als Astrid Lindgren und ihre Familie sich hier niederließen, galt alles als sehr modern. Die Inneneinrichtung beherbergt Kunst und Kitsch gleichermaßen. Interessant wird die Besichtigung vor allem durch die Geschichten, die mit den Gegenständen verbunden sind. Da gibt es viele Erinnerungsfotos, Bücher, die Astrid Lindgren in mehreren Sprachen gelesen hat, Gemälde, die sie besonders liebte, und Preise über Preise, mit denen sie ausgezeichnet wurde. Einer davon heißt Heffaklump, auf Deutsch Heffalump, nach der Figur aus dem Kinderbuchklassiker „Pu der Bär", und wird an hervorragende Kinder- und Jugendbuchautoren verliehen. *„Den gibt es in vielen verschiedenen Ausführungen"*, erzählt Lena Törnqvist, *„wir benutzen ihn wie schon Astrid Lindgren, um die Fenster zum Lüften offenzuhalten."*

Neben Lena Törnqvist sind es etliche andere Mitglieder der **Lindgren-Gesellschaft,** die bis zu 15-mal im Monat Interessenten durch die Wohnung führen. Es sind angemeldete Gruppen mit nicht mehr als zwölf Teilnehmern, die Sprache ist überwiegend Schwedisch. Ein Mitglied kann aber auch gut Deutsch. Noch haben die meisten ehrenamtlichen Führer die Autorin zu Lebzeiten gekannt. Es sind oft Bibliothekare oder Verlagsangestellte, sie alle eint die Begeisterung für das Thema. Von der Familie, deren Mitglieder die Wohnung manchmal zu Treffen nutzen, wird die Gesellschaft gerne unterstützt. *„Wir versuchen, nicht allzu viele Menschen in die Wohnung zu lassen"*, sagt Lena Törnqvist, *„denn einerseits wird die Arbeit nur gering bezahlt und zudem geht es auch darum, alles zu erhalten."* So ist verständlich, warum keine Kinder unter 15 Jahren zugelassen sind, auch wenn die Eltern versichern, dass ihre Sprösslinge gut erzogen seien.

Wer keine Gelegenheit hat, in der Dalagatan persönlich vorgelassen zu werden, hat auf der offiziellen Homepage die Möglichkeit, **virtuell durch die Wohnung** zu gehen (www.astridlindgren.com/Dalagatan46/index.html). So kommen die Fans weltweit zumindest mit 360°-Panoramen der einzelnen Zimmer zu einer Führung.

Der **Vasapark (2)** gegenüber ist weniger ein gepflegter englischer Park als mehr eine städtische Grünfläche mit Spielplatz, einer Bahn für Skate-

120bu ws

121buws

boardfahrer, einer Schlittschuhbahn im Winter. Mütter schieben Kinderwagen, Pflegerinnen aus dem nahe gelegenen Altenheim schieben Rollstühle, und am Spielplatz beobachten wir eine Gruppe Erwachsener, die mit ihren Kindern Basketball spielen. In diesem Park ließ Astrid Lindgren in einem weniger bekannten Märchen das Däumlings-Geschwisterpaar Peter und Petra lebendig werden: Die beiden hatten ihre Wohnung unter einem großen Baum und liefen abends im Mondschein kunstvoll Schlittschuh. Seit 2006 heißt der Teil des Parks, der zu ihrer Wohnung hin liegt, **Astrid Lindgrens terrass.**

Ein anderer, für unser Verständnis der Bücher sehr wichtiger Park ist der **Tegnérpark (3)** (Tegnérlunden), nicht weit von der Dalagatan. Hier sah Astrid Lindgren eines Tages einen kleinen traurigen Jungen auf einer Bank sitzen, und so entstand die Idee zu „Mio, mein Mio". Als wir jedoch hier nach ihren Spuren suchen, scheint die Morgensonne auf eine Schar nackter Kleinkinder, die sich fröhlich in einem öffentlichen Planschbecken tummeln. Eine sehr schwedische Einrichtung: städtische Grünflächen mit Planschbecken oder Eislaufbahnen, die kostenlos benutzt werden können.

Hier im Tegnérpark steht auch das schönste der drei Stockholmer Standbilder Astrid Lindgrens. Das 1996 von **Majalisa Alexanderson** (geboren 1934) errichtete kleine Denkmal zeigt die Autorin, wie sie schützend ihren Mantel um ein Kind ausbreitet. An ihrer Seite stehen Peter und Petra, auf ihrer Schulter sitzt Herr Lilienstengel aus dem

357bu ws

Land der Dämmerung. In den bronzenen Mantel sind Zitate aus einigen ihrer Bücher eingraviert: *„Peter und Petra wohnen im Vasapark. Wir gehören zum Kleinen Volk, sagte Petra"*, *„Herr Lilienstengel wohnt im Land der Dämmerung. Es wird auch Land, das nicht ist, genannt"*, *„Komm bald wieder, allerliebste Schwester"*, *„Ylva-Li wohnt unter Salikons Rosen"*.

Der 1949 erfundene **Herr Lilienstengel,** Liljonkvast im schwedischen Original, eignet sich übrigens wie sein Nachfolger Karlsson vom Dach bestens als Stadtführer für Stockholm. Er nimmt den kranken Jungen Göran mit auf einen Rundflug über die Stadt und lässt ihn die alte Straßenbahn fahren. Heute fährt die sogenannte Djurgårdslinie mit der Nummer 7 von der Innenstadt zur Tiergarteninsel, an den Wochenenden und in der Hauptsaison auch mit historischen Wagen. Herr Lilienstengel jedenfalls nimmt Göran mit zum großen Freilichtmuseum Skansen auf Djurgården. Die gesamte Erzählung **„I skymningslandet"** liest sich wie eine Liebeserklärung an Stockholm. Der Turm der

☐ Der Sänger Evert Taube scheint uns extra auf das wunderschöne Stadthaus hinzuweisen

☐ Beim Hof Älvrosgården im Freilichtmuseum Skansen treffen Herr Liljenstengel und Göran auf das Mädchen Kristina vom Volk der Dämmerung

358bu ws

Klarakirche, das große Schloss, der alte Hof namens Älvrosgården in Skansen und vieles mehr: Reist man, bewaffnet mit einem Stadtplan, zusammen mit Herrn Lilienstengel, bekommt man einen guten Überblick über die Stadt.

Da wir aber nicht mit ihm fliegen können, besteigen wir den 106 Meter hohen Turm des auf der Insel Kungsholmen gelegenen **Stadshuset (4)** (Stadthaus), von dem aus man eine wunderbare Aussicht hat. Das Stadthaus bietet im Übrigen mehr als den Aussichtsturm: Hier ist nicht nur die Stadtverwaltung untergebracht, hier findet auch alljährlich das große Bankett anlässlich der Nobelpreisverleihung statt. Es empfiehlt sich, in der zweiten Tageshälfte auf den Turm zu steigen, wenn das Nachmittagslicht golden auf die Altstadt fällt.

Im Nordwesten kann man links hinter dem Konferenzzentrum das **Vasaviertel** erahnen, einen geschlossenen Block mit Wohnhäusern in warmen Gelb- und Ockertönen mit roten und schieferfarbenen Dächern. Hier liegt die Dalagatan, und hier treibt der „*beste Karlsson der Welt*“, ein „*schöner und grundgescheiter und gerade richtig dicker*

[^] Hinter Riddarholmen und der Altstadt beginnt schon Saltsjön mit dem Hafen für die riesigen Kreuzfahrtschiffe

[>] Auf dem Dach des Zentralbades wurde für die Verfilmung Karlssons Häuschen aufgebaut

Mann in seinen besten Jahren", allerlei Schabernack über den Straßen des Viertels. Ganz nah im Nordosten steht der Turm der **Klarakirche (5),** dem Herr Lilienstengel und Göran einen kurzen Besuch abstatten. Im Osten kann man hinter dem Schloss das Nordische Museum und das Vasa-Museum sehen und ganz im Hintergrund den Aussichtsturm „Bredablick", den höchsten Punkt im Freilichtmuseum Skansen. Im Südosten liegt die wunderschöne Altstadt „Gamla Stan" mit Riddarholmen im Vordergrund. Im Süden, am anderen Ufer des Riddarfjärden, erhebt sich das Stadtviertel Södermalm, dahinter leuchtet die weiße Kuppel der Veranstaltungshalle Globen. Im Westen sieht man über Kungsholmen hinweg die mächtige Västerbron (Westbrücke), über die Göran seine Straßenbahn steuert.

Der 1974 veröffentlichte Film **„Världens bästa Karlsson"** (Karlsson auf dem Dach) von Regisseur Olle Hellbom ist übrigens aus der Reihe der Lindgren-Verfilmungen derjenige, bei dem am meisten von Stockholm zu sehen ist. Würde man heute ganz einfach eine Drohne benutzen, musste man sich damals mit einem Kran und einem Hubschrauber behelfen. Der Großteil des Films entstand aber im Studio.

Wer auf den Spuren von Karlsson wandeln möchte, hat dazu eine schöne Möglichkeit. Dabei sollte man allerdings schwindelfrei sein: Mitten in Riddarholmen, einem Teil der Altstadt Gamla Stan, treffen wir uns zu einer geführten **Dachwanderung (6)** auf einem der Häuserkomplexe, die hier die höchsten Gerichte des Landes beherbergen. Anders als Lillebror und Karlsson sind wir mit einem Klettersteig-Set gut gesichert. Bei einer kurzweiligen Stadtführung erleben wir die Stadt noch einmal aus einem ganz neuen Blickwinkel und mit einem leichten Lillebror-Gefühl im Magen.

Wer ein bisschen tiefer in Karlssons Vasastadt eindringen will, begibt sich am besten zur **Vulcanusgatan 12** auf der anderen Seite des Vasaparks, wo Astrid Lindgren von 1931 bis 1941 gelebt hat. Der Blick auf die Dächer hier mag sie zu ihrer Geschichte inspiriert haben, der Name aber stammt von einem Schuster in ihrer Kindheit. Und die Figur Karlsson, so wie wir sie kennen, ist eigentlich ein Blumenhändler in Paris, dem die Illustratorin Ilon Wikland eifrig mit dem Stift in der Hand folgte.

220bu ws

Von der Vulcanusgatan aus läuft man etwa 20 Minuten zum **Centralbadet (7),** zum Stockholmer Zentralbad, auf dessen Dach die Kulisse von Karlssons Häuschen aufgebaut war, als das Buch verfilmt wurde. Das beeindruckende Jugendstilbad in einem ruhigeren Teil der Drottninggatan ist heute ein elegantes Spa.

Wir aber steuern Junibacken an, ein Kulturhaus für Kinder, dem wir ein eigenes Kapitel gewidmet haben. Dazu nehmen wir eine der **Djurgårdenfähren** vom Nybroplan aus, ein immer wieder schönes Erlebnis für Kinder wie für Erwachsene. Stockholm zeigt nämlich seine größte Wirkung vom Wasser aus.

Eine andere Möglichkeit ist die Fahrt mit der **alten Straßenbahn 7,** die vom **Norrmalmstorg (8)** nach Djurgården hinüberführt, aber man kann auch den berühmten **Strandväg** mit seinen hochherrschaftlichen Häusern entlangspazieren und einen kurzen Abstecher in die **Kaptensgatan (9)** machen. Hier lebt Kati, hier wurden Erinnerungen Astrid Lindgrens an ihre eigene Zeit als Sekretärin wach. In der Kaptensgatan braucht es ein wenig Fantasie, aber wer die **Kati-Bücher** liebt, kann sich bestimmt die gemütliche Dachwohnung vorstellen, in der das junge Mädchen mit seiner lebenslustigen Freundin Eva haust. Und nachträglich feuchte Finger bekommen bei der Vorstellung, man müsse so wie Kati an der Außenwand eines dieser hohen Häuser von einem Fenster zum anderen klettern, um einen auf dem Herd brutzelnden Fleischklops zu retten. Eine Episode, die sich übrigens im Leben der Schriftstellerin wirklich so ähnlich zugetragen hat.

Auf der Insel **Djurgården** selbst gibt es mehrere Touristenattraktionen, die nicht ausschließlich mit Astrid Lindgren verknüpft und dennoch einen Besuch wert sind. Neben **Junibacken (10)** sind dies vor allem das **Freilichtmuseum Skansen,** das man am besten mit der Erzählung vom Land der Dämmerung in der Hand besucht. Ferner lohnt ein Besuch des **Vasa-Museums (11),** in dem das 1628 gesunkene und in den 1950er-/60er-Jahren geborgene Schiff „Vasa" gezeigt wird, eine außergewöhnlich gut gelungene Ausstellung, die auch kleine Besucher beeindruckt.

Von Astrid Lindgren, die den Großteil ihres Lebens in Stockholm verbracht hat, finden sich etliche kurze Beschreibungen in ihren Büchern, die zeigen, wie sehr sie der Stadt zugetan war. Gilt das auch für die Stockholmer? Dem alten Fischer in **„Ferien auf Saltkrokan"** legte sie jedenfalls folgende Sätze in den Mund: *„Ja, ja, nun kommen die Sommergäste, achach jaja", sagte Söderman. Und als Papa ihn fragte, ob er die Sommergäste nicht möge, da machte er ein betroffenes Gesicht. Dieser Gedanke war ihm offensichtlich noch nie gekommen. „Nicht mögen, tjaa", sagte er. „Aber die meisten von denen sind ja Stockholmer, und die Übrigen, die sind eigentlich auch bloß Gesindel."*

Nein, wir sind in Stockholm nicht auf „Gesindel" gestoßen, zumindest nicht mehr als auf anderen Reisen. Aber wir finden die im zweiten Kati-Band so schön beschriebene schwedische „kleine Metropole" ebenfalls reizend. Also

> Wer mit der Fähre nach Skansen übersetzt, kommt direkt an Grönalunds Kettenkarussell vorbei

281bu ws

halten wir uns lieber an Herrn Liljenstengel, der in der Erzählung **„Im Land der Dämmerung“** mit Göran über die Wasserfläche des Djurgårdsbrunnsviken nach Hause fliegt – „*(...) hoch über die Stadt hinweg. In den Wohnungen wurde nun Licht angemacht. Nie habe ich gewusst, dass es so etwas Schönes gibt wie die Stadt dort unter mir in der Dämmerung.*“

Praktische Hinweise

Information

■ **Visit Stockholm** (www.visitstockholm.com) ist nur per Mail und Telefon (08/508 28 508) erreichbar, hat aber zwei Partnerbüros, die man besuchen kann: Tours & Tickets im Hauptbahnhof (www.stockholminfo.com, 08/555 103 90, Filiale in der Västerlånggatan 52 in der Altstadt) und das Djurgården Visitor Center gleich hinter der Brücke zur Tiergarteninsel (https://royaldjurgarden.se, Djurgårdsvägen 2, 08/667 77 01).

10

Dalagatan 46 (U-Bahn Odenplan): Führungen bucht man über die Homepage der Astrid-Lindgren-Gesellschaft, www.astridlindgrensallskapet.se (die Homepage für alle, die sich genauer oder wissenschaftlich mit dem Werk Astrid Lindgrens beschäftigen wollen – allerdings nur auf Schwedisch). Achtung, die Termine werden eher kurzfristig angeboten und sind immer schnell ausgebucht. Virtueller Wohnungsrundgang auf ww.astridlindgren.com/Dalagatan46/index.html. Auch wer sich unter den über 4000 Titeln von Astrid Lindgrens Bibliothek in dieser Wohnung umsehen möchte, kann dies virtuell tun: www.librarything.com/catalog/Astrid_Lindgren.

359bu ws

Vasaviertel: Über die oben genannte Homepage der Astrid-Lindgren-Gesellschaft kann man auch eine zweistündige Führung durch Astrid Lindgrens Vasaviertel buchen (160 SEK), manchmal sogar auf Deutsch.

Vasapark mit Astrid Lindgrens terrass: uneingeschränkter Zugang (U-Bahn Odenplan oder Sankt Eriksplan)

Tegnérlunden (Tegénerpark): uneingeschränkter Zugang (U-Bahn Rådmansgatan)

Stadshustornet (Stadthausturm): Hantverkargatan 1, Tel. 08/50829349, https://stadshuset.stockholm/stadshustornet/, geöffnet Juni–August tägl. 9–16 Uhr. Achtung: alle 45 Min. werden max. 27 Personen zugelassen, Tickets können nicht reserviert, sondern nur am selben Tag an der Kasse des Stadthauses (nicht direkt am Turm) gekauft werden. Eintritt: 80 SEK, Kinder unter 11 frei. Nur knapp zehn Minuten zu Fuß vom Hauptbahnhof (U-Bahn T-Centralen oder Rådhuset)

Kaptensgatan: U-Bahn Östermalmstorg

Skansen: Box 27807, 11593 Stockholm, Djurgårdsslätten 49–51, Tel. 08/4428200, www.skansen.se, geöffnet April 10–16 Uhr, Mai–Mitte Juni, Sept. 10–18 Uhr, Mitte Juni–August 10–20 Uhr, Okt.–März 10–15, Sa, So bis 16 Uhr, Eintritt je nach Saison Erwachsene 160–220 SEK, Kinder (4–15 J.) 70 SEK. Zu erreichen mit Bus 67 (Odenplan–Blockhusudden) oder Straßenbahn 7 (T-Centralen–Waldemarsudde), mit der Djurgårdsfähre und in der Hochsaison mit der historischen Straßenbahn 7N. Den in der Erzählung „Im Land der Dämmerung" beschriebenen **Älvrosgården (12)** findet man ganz in der Nähe des zentralen Bollnäs-Platzes, aber natürlich gibt es in diesem wunderschönen und weltweit ersten Freilichtmuseum viel mehr zu entdecken, als man an einem Tag sehen kann. Den besten Überblick bietet der Aussichtsturm **Bredablick (13).**

☐ Blick vom Hochufer in Södermalm auf die Stadt in der Abenddämmerung, links der Stadthausturm, in der Mitte die Klarakirche, rechts der Turm der Riddarholmkirche

Zu **Vasa-Museum** (www.vasamuseet.se), **Zentralbad** (www.centralbadet.se) und der **Aussichtsgondel** auf Globen (stockholmlive.com/skyview) siehe jeweils die Homepage.

Anfahrt und Stadtverkehr

Auch wenn man mit dem **Auto** ganz gut durch Stockholm kommt, kostet vor allem die Parkplatzsuche viel Geld und Nerven.

Wer scharf kalkuliert und genau plant, kann mit einem **Go Stockholm Pass** für 1/2/3/5 Tage (gocity.com/stockholm) sicher Geld sparen. Er ist nicht billig, gewährt aber freien Eintritt zu über 40 der wichtigsten Sehenswürdigkeiten; die Nahverkehrskarte, SL Travelcard, muss man sich noch dazukaufen.

Entspannter ist man unterwegs, wenn man sich nur eine **SL Travelcard** kauft (sl.se/en). Sie gilt 24/72 Std./7 Tage und kostet 165/330/430 SEK, ermäßigt (unter 20 oder über 64 Jahre) 110/220/290 SEK. Das Schöne ist, dass sie neben Bussen und Bahnen auch viele Schiffslinien einschließt. Man kann damit ganze Tagesausflüge Richtung Mälar und in die Schären bestreiten.

Seit Frühjahr 2022 gibt es in Stockholm – betrieben im Auftrag der Stadt, um der Klimaneutralität näher zu kommen – ein **Verleihsystem mit E-Bikes.** Derzeit sind es ca. 70 Verleihstationen mit zusammen rund 750 Rädern, verteilt über Södermalm, Kungsholmen und die gesamte Innenstadt bis hoch zum Hagapark, bis Frühjahr 2023 sollen es 5000 Fahrräder an 300 Stationen werden. Die Preise sind unschlagbar günstig. Man muss eine App installieren, zahlt für einen Tag nur 11 SEK, für eine Woche 26 SEK. Darin sind bereits beliebig viele Fahrten à 90 Min. inbegriffen, bei längeren Fahrten zahlt man für jede Stunde darüber hinaus weitere 11 SEK. Allerdings gab es im Sommer 2022 oft technische Probleme, die hoffentlich bis 2023 gelöst sind (www.stockholmebikes.se, auch englisch).

Djurgårdsbrons Sjöcafe am Wasser mit Blick auf den herrschaftlichen Strandväg – Fahrräder und Kajaks kann man hier auch gleich ausleihen

360bu ws

Essen und Einkaufen

5 In der wunderschön renovierten **Markthalle** am Östermalmstorg (www.ostermalmshallen.se, auch englisch) kann man feinste Lebensmittel kaufen oder in anregender Atmosphäre gleich verzehren. Die Preise sind allerdings atemberaubend.

■ **Viele Cafés** und Restaurants in **Gamla Stan** sind gemütlich und nicht so überteuert, wie man es vermuten würde.

3 **Sundbergs Konditori** am Järntorget in Gamla Stan, 1785 gegründet, bietet nicht nur die besten Torten und einen Kupfer-Samowar mit Kaffee, sondern auch eine interessante Geschichte, die eng mit dem in der Oper ermordeten König Gustav III. verknüpft ist.

6 **Djurgårdsbrons Sjöcafe** am Eingang zur Tiergarteninsel bietet einen herrlichen Blick auf den Strandväg (www.sjocafeet.se).

4 Das **Café auf der Af Chapman** (→ Übernachten) bietet einen grandiosen Blick auf Gamla Stan.

8 Das **Café Blockhusporten** ganz am östlichen Ende von Djurgården ist ein traumhaftes Plätzchen und außer mit dem Bus auch gut mit dem Liniendampfer zu erreichen (www.blockhusporten.se).

Stockholm auf dem Wasser und von oben

6 Eine besonders schöne Art die Stadt zu erkunden ist eine **Kanufahrt.** Man kann günstig ein Boot mieten, sollte aber schon etwas Erfahrung haben, da man sich ja mitten im „Stadtverkehr" mit Linienschiffen, Privatjachten, riesigen Kreuzfahrtschiffen und Ausflugsbooten bewegt. **Bootsverleih** z. B. beim Djurgårdsbrons Sjöcafé, Galärvarvsvägen 2 (auf Djurgården, direkt an der Brücke nach Östermalm), Tel. 08/6605757, www.sjocafeet.se, April–September tägl. 10–24 Uhr, Kanus, Kajaks und Tretboote ab 125 SEK pro Stunde bzw. 400 SEK pro Tag inkl. Schwimmweste (Preise von 2022, Fahrräder werden hier auch ausgeliehen).

1 **Verleih** am Riddarfjärden auf Kungsholmen direkt unter der Västerbron: Eden Kajak & SUP (www.lekmer.nu/eden), **SUP, Einer oder Zweier** pro Person ab 2 Std. 270 SEK. Eine kleinere Filiale gibt es direkt schräg gegenüber vom Stadthaus.

■ Wer länger unterwegs sein möchte und sich das **Paddeln** ohne Einweisung zutraut: Unter www.kayakomat.com findet man in Stockholm über 10 unbemannte Entleihstellen, bei denen man online ein **Kajak oder SUP** leihen kann und es per Code aufschließt.

7 Umsonst wird das **Kajakfahren,** wenn man vor dem Seehistorischen Museum ein Boot für zwei bucht und sich dabei zum Müllsammeln verpflichtet: www.sjohistoriska.se/besok/greenkayak

■ Klettern wie Karlsson auf den Dächern Stockholms: www.takvandring.com bot bis 2020 geführte und gesicherte Dachklettertouren an (Dauer 1¼ Stunden, 595 SEK/Person, auch engl. und deutsch), Treffpunkt war die Birger-Jarl-Statue am gleichnamigen Platz auf Riddarholmen. Bis Redaktionsschluss war nicht klar, wann es 2024 wieder losgehen wird, einfach auf der Homepage nachschauen.

Übernachten

4 **Vandrarhem „Af Chapman",** zentral auf der Insel Skeppsholmen gelegen, Flaggmannsvägen 8, 11149 Stockholm, Tel. 08/ 4632280, www.svenskaturistforeningen.se, dann Stockholm eingeben und im drop-down-menü die Af Chapman wählen. Traumhafte Lage gegenüber der Altstadt, aber zumindest auf dem Schiff schnell ausgebucht.

2 **Vandrarhem/Hotel „Röda Båten",** zwei Hausboote, zentral gegenüber der Altstadt am Söder Mälarstrand vertäut, Södermälarstrand Kajplats 10, 11820 Stockholm, Tel. 08/12090150, www.theredboat.com, DZ ab 750 SEK/Nacht

■ Für Familien bietet es sich an, ein bezahlbares **Ferienhäuschen außerhalb** von Stockholm zu mieten und dann das ausgezeichnete Nahverkehrssystem für Tagesausflüge in die Stadt zu nutzen.

Junibacken

11

Schweben über Birkenlund

Junibacken in Stockholm

» Auf der Insel Djurgården gibt es ein Museum für Familien, in dem man eine Gondelfahrt entlang ausgewählter Lindgren-Szenen unternehmen kann. Die Autorin hat noch im hohen Alter und fast schon blind mit Texten zu dieser anrührenden Fahrt beigetragen. Pippi Langstrumpf hat hier auch einen Auftritt.

< Junibacken liegt auf Djurgården, direkt am Wasser

Astrid Lindgren sagt:

„Hej, alla barn! Nu ska vi åker runt på en liten tur och hälsar på en del andra barn som jag tror att ni känner ..."

„Hallo, alle Kinder! Jetzt machen wir eine kleine Rundreise und besuchen einige andere Kinder, von denen ich glaube, dass Ihr sie kennt ..."

So beginnt die Tonspur des Sagotåget (Märchenzuges) in Junibacken, die in der schwedischen Version von Astrid Lindgren gesprochen wird.

Das Denkmal von Hertha Hillfon steht vor dem Eingang zu Junibacken

132bu ws

„Junibacken", in der deutschen Übersetzung „Birkenlund", so heißt eigentlich das gemütliche Heim der Mädchen Madita und Lisabet in einer ungenannten Kleinstadt. Das Junibacken in Stockholm hat von dort lediglich den Namen entliehen. Hier geht es nicht nur um Madita, sondern um fast alle Figuren, die Astrid Lindgren erschaffen hat. Für Kinder, die mit ihren Eltern Schwedens Hauptstadt besuchen, dürfte es eine der Hauptattraktionen sein. Hier finden sie ihre Freunde, über die sie bisher nur gelesen oder gehört haben, als kleine Puppen wieder, mit denen einzelne Szenen der Bücher nachgestellt werden. Mit einer Gondel dürfen sie von einer zur anderen Episode reisen.

Das große Gebäude (10) auf der Insel **Djurgården** liegt gleich neben dem Vasa-Museum und nicht weit vom Vergnügungspark Gröna Lund, aber es ist schwerlich einer dieser Kategorien zuzuordnen. Es ist kein Freizeitpark wie Astrid Lindgrens Welt, es ist kein Museum und auch keine Ausstellung, kein Theater und kein Literaturhaus, es ist eine Mischung aus allem. Ziemlich viel für eine nicht gerade riesige Einrichtung, doch auch hier hat man den Eindruck, dass sich die Macher mit Verstand und Liebe zugleich der Buchfiguren angenommen haben.

Auf dem Weg zum Eingang nimmt sichtbar die Anzahl an Kinderwagen zu, aufgeregte Kleinkinder wie Teenager freuen sich auf den Besuch. Gelegentlich klingen Lieder aus einem Lautsprecher, unter anderem die von uns so geliebten, von Astrid Lindgren selbst getexteten. Vor dem Haus sitzt eine **lebensgroße Figur,** die Autorin hat eine Taube neben sich und das Buch „Die Brüder Löwenherz" auf dem Schoß, in dem die letzte Seite aufgeblättert ist. Die Skulptur wurde von Hertha Hillfon geschaffen; eine zweite, leicht veränderte steht vor dem Astrid-Lindgren-Kinderkrankenhaus des Karolinska Instituts, des großen Krankenhauskomplexes nordwestlich des Stadtzentrums.

An der Kasse im **Eingangsbereich** entscheiden wir uns für eine Uhrzeit, zu der wir mit der Hauptattraktion, dem Sagotåget, fahren und anschließend bei der Villa Kunterbunt eine Spielszene ansehen wollen. Steigende Besucherzahlen machten eine straffere Organisation nötig, nur in der Nebensaison ist es möglich, sich etwas spontaner für eine weitere Fahrt mit dem sogenannten Märchen- oder Geschichtenzug zu ent-

Auch Sven Nordqvists Petterson ist als Pappfigur Teil der Kinderbuchausstellung

174bu ws

267bu ws

scheiden. Die Wartezeit aber wird in Junibacken ebenso zum Erlebnis.

Da ist an erster Stelle der **Sagotorget,** eine Art Marktplatz, auf dem es zahlreiche Kinderbuchfiguren zu entdecken gibt, die nicht der Feder Astrid Lindgrens entsprungen sind. Es geht dabei um all die anderen schwedischen Autoren und ihre Geschöpfe, die von vielen deutschen Kindern ebenso geliebt werden wie in Schweden. Die Illustratorin Lena Anderson zum Beispiel ist durch ihre Sachbücher um die kleine Naturfreundin Maja und durch „Linnea im Garten des Malers“ bekannt, das mit dem französischen Impressionisten Claude Monet vertraut macht. Nicht fehlen dürfen Alfons Åberg, den die Deutschen als Willi Wiberg kennen, oder Tove Janssons Mumintrolle. Immer dabei sind auch die von Sven Nordqvist geschaffenen Bilderbücher rund um Pettersson und Findus (Pettersson schreibt sich im Schwedischen übrigens erstaunlicherweise ebenfalls anders, nämlich Pettson).

Diese kleine Ausstellung und Spielgelegenheit zugleich, die jedes Jahr ein bisschen verändert wird, entstand auf persönlichen Wunsch der damals fast neunzigjährigen Astrid Lindgren. Sie wollte verhindern, dass Junibacken eine reine Lindgren-Huldigungsstätte wurde, und so stoßen wir auf all die auch hierzulande bekannten Namen. Wenn man nämlich die **Geschichte des deutschen Kinderbuchs** Revue passieren lässt, so ist das immer auch die des schwedischen Kinderbuchs gewesen – bis heute. Diese Entwicklung ist sehr eng mit Astrid Lindgren verknüpft, die nicht nur als Autorin, sondern auch als Lektorin beim Stockholmer Verlag Rabén & Sjögren viel Einfluss auf die Qualität dieses Bereichs hatte. Über den Oetinger Verlag hat sich dieser Einfluss dann auch auf Deutschland erstreckt.

Die Vielfalt der Kinderbuchliteratur spiegelt sich ebenso im **Pavillon,** in dem in Sonderausstellungen beispielsweise mit den Arbeiten der ALMA-Preisträger (Astrid Lindgren Memorial Award) vertraut gemacht wird. Dieser Astrid-Lindgren-Gedächtnispreis ist die weltweit höchstdotierte Auszeichnung für Kinder- und Jugendliteratur. Mit ihm werden Autoren, Illustratoren, mündliche Erzähler oder Organisationen geehrt, die in der Leseförderung im Sinne der Namensgeberin aktiv sind. Unter den Preisträgern waren unter anderen der Amerikaner Maurice Sendak, die Österreicherin Christine Nöstlinger, der Niederländer Guus Kuijer oder die Schwedin Barbro Lindgren. 2017 war es übrigens der deutsche Illustrator Wolf Erlbruch, dessen bekanntestes Bilderbuch „Vom kleinen Maulwurf, der wissen wollte, wer ihm auf den Kopf gemacht hat" zum Klassiker geworden ist.

Im **„Salong"** hinter der Buchhandlung dagegen gibt es eine Ausstellung, die über mehrere Jahre bestehen bleibt. Vom Jubiläumsjahr 2023 an, wenn der Lausejunge Michel/Emil seinen 60. Geburtstag feiert, soll es vor allem um ihn gehen. Der Salon ist ein Platz, an dem es vielerlei Angebote gibt: Theatervorstellungen, Puppentheater für die jüngsten Besucher – und viel Gelegenheit zum Spielen und Ausprobieren. Dies ist wohl einer der Gründe, warum die Einrichtung 2020 den Preis für das kinderfreundlichste Museum in Schweden bekommen hat.

222bu ws

Kurz bevor man schließlich die Gondel besteigt, gibt es Informationen zu den wichtigsten **Illustratoren** der Lindgren-Bücher: Ingrid Vang Nyman, Ilon Wikland, Björn Berg. Besonders anrührend ist die Darstellung der kleinen Ilon, die mit einem Koffer vor einem Schiff sitzt. Es ist ein Hinweis auf ihr Buch „Die lange, lange Reise", in dem sie in Bildern von ihrer Flucht vor dem Zweiten Weltkrieg von Estland nach Schweden erzählt.

Jetzt aber ist die Wartezeit beendet, wir kommen zum Herzstück Juniba-

⌃ Ein Selbstportrait der Illustratorin Ilon Wikland als kleines Mädchen

< Ein bisschen länger müssen die Beine noch werden: auf dem Sagotorget

ckens, zum **Sagotåget.** Mit „Märchenzug“ ist dieser Ausdruck nur unzureichend übersetzt: Es handelt sich um **Gondeln,** jeweils für vier Personen, in denen die Besucher langsam an einzelnen Szenen aus den Büchern vorbeifahren, während eine Erzählerin und Kinderstimmen Auszüge aus den Texten vortragen. Beim ersten Mal lassen wir uns von der deutschen Stimme durch die Bücherwelt leiten, aber beim zweiten Mal muss es die schwedische Version sein. Es spricht Astrid Lindgren selbst, die nicht nur die Textauszüge zusammengestellt, sondern auch vorgelesen hat.

Als diese Aufnahmen gemacht wurden, war die Autorin schon weit in den Achtzigern. Sie war fast blind und konnte nicht mehr lesen. Marit Törnqvist, Illustratorin und Szenografin Junibackens, sprach ihr also die einzelnen Sätze vor, und so entstand ein zusammenhängender Text. Der Aufnahme ist dies nicht anzumerken; es ist eher anrührend, die **Stimme der betagten Astrid Lindgren** zu hören. Zeit ihres Lebens hat sie ihre Werke oft und gerne vorgelesen oder auf Kassetten oder CDs aufnehmen lassen, und sie las immer ausgesprochen gut. Es ist heute noch zu merken, dass sie dies nicht nur zur Freude der Kinder, sondern auch zu ihrem eigenen Vergnügen tat.

Am liebsten würden wir diesen Zug wieder und wieder besteigen, an der von Marit Törnqvist gestalteten Puppenwelt vorbeischweben. Die Szenen sind liebevoll ausgewählt, die Texte stimmig, die Musik (Anders Berglund, Georg Riedel, Bengt Hallberg) passend und die Mischung aus Erzählung und Drama perfekt. Es beginnt mit **Madita,** nach deren Haus die gesamte Einrichtung ihren Namen bekam. Ein großer Bereich ist natürlich **Michel/Emil** gewidmet, der mal als kleines Püppchen, mal als fast lebens-

[>] Die Gondel fährt mitten durch Karlssons herrlich unordentliches Häuschen auf dem Dach

[v] Es war Sonntag, und in Katthult sollte ein Festessen stattfinden

271bu ju

361bu ju

große Gestalt (schlafend im Wurstregal) zu sehen ist. Man sieht Stockholm von oben, das Vasaviertel, in dem **Karlsson** seine unordentliche Wohnung hat, man sieht den Däumling **Nils Karlsson** mit seinem Freund Bertil in der Geleeschale baden, und dann kommen **Ronjas** Wald und die Mattisburg. Man sieht den Brand im Haus der **Brüder Löwenherz,** den wartenden Jonathan auf der Brücke im Kirschtal und den Drachen Katla. Mit dem hoffnungsvollen Ruf Krümels „Ich sehe das Licht" endet die Fahrt.

An dieser Stelle sei eine kleine Warnung ausgesprochen: Die ganz kleinen Besucher, die noch nicht selbst lesen können und nicht so vertraut mit Astrid Lindgrens Geschichten sind, könnten leicht überfordert sein. Einige Passagen wie zum Beispiel Nils Karlsson Däumling, wo eine große Ratte vorkommt, die Gewitternacht bei Ronja oder die Brüder Löwenherz mit dem brennenden Haus, dem bösen Tengil und seinem Drachen Katla können auch ein bisschen Angst einjagen. Aus diesem Grund ist es ratsam, die Kinder vorher gut einzustimmen und ihnen zu erzählen, was noch nicht vorgelesen wurde. Glücklicherweise achten die jungen Mädchen am „Bahnsteig" auch darauf, dass Kinder unter 15 Jahren nicht alleine fahren. Unsere damals Vierjährige allerdings, die vor Beginn der Fahrt sehr ängstlich wirkte, sprach am Ende des Tages ganz energisch den Wunsch aus, noch einmal zu fahren. Und gerade die Geschichte der Brüder Löwenherz, die für viele Erwachsene etwas Erschreckendes hat, wird von Kindern jeden Alters offenbar ganz besonders geliebt.

Uneingeschränkter Favorit bei vielen ist Pippi Langstrumpf, die bei der Fahrt mit der Gondel erstaunlicherweise fehlt.

137bu ju

Doch am Ende der Reise mit dem „Sagotåget" landen wir bei einer weiteren Attraktion Junibackens, bei der **Villa Kunterbunt.** Man findet sie in einem großen, lichtdurchfluteten Raum mit Blick auf Saltsjön, den Übergang der Stadt Stockholm zum Meer. Die „Villa Villekulla", wie sie im Original heißt, wurde wunderbar nachgebaut und kann von den Kleinen nach Herzenslust bespielt werden.

Hier können die Kinder einen Blick in Pippis Schlafzimmer werfen, sehen ihre großen Schuhe auf dem Kopfkissen liegen und stellen mit Begeisterung das ganze Haus auf den Kopf. Wir haben eine Dreijährige beobachtet, die lange, lange völlig selbstvergessen in Pippis Küche kochte, imaginäres Mehl in Töpfe schüttete und strahlend „fertige" Pfannkuchen zu Mutter und Großmutter brachte. Daran ist in Junibacken stets gedacht: dass vor allem die Kleinen selbst spielen wollen und nicht nur ansehen. Der „Kleine Onkel" ist immer dicht umlagert, vom Balkon aus winken kleine Mädchen mit Zopfperücke ihren Eltern zu, bevor sie die große Rutsche herunterrutschen.

Wer an der Kasse einen (kostenlosen) time-slot für eine der **Vorstellungen** gebucht hat, nimmt nun vor der Villa Platz und kann erleben, wie sich Pippi mit Thomas und Annika anfreundet. Das ist – auch wenn wir von Astrid Lindgrens Welt in Vimmerby etwas verwöhnt sind – Theater vom Feinsten. In Junibacken sind es rund 15 Neun- und Zehnjährige, die hier abwechselnd ihre Schauspielkünste darbieten. Wir sind völlig fasziniert von einer blutjungen Pippi, die einer Illustration von Ingrid Vang-Nyman entsprungen sein könnte und die sehr souverän die verschiedenen Seiten dieser Fantasiefigur darstellt: unkonventionell und übersprudelnd vor Einfällen, aber eben auch leicht melancholisch.

Über eine kleine Wendeltreppe, genannt **Marits lilla galeri,** gelangt man wieder ins Erdgeschoss. Auf dem Weg gibt es gelegentlich einen kleinen Stau vor den wunderbaren Illustrationen von Marit Törnqvist, nach denen die Szenen des Sagotågets gestaltet wurden.

Unten angelangt, gibt es die Gelegenheit zu einer Pause im schön gestalte-

⌃ „Und wo es ein Feuer gibt, da gibt es wohl auch ein Heim". Ronja und Birk in der Bärenhöhle

› Die Brüder Löwenherz auf dem Weg zu Katlas Höhle

ten **Restaurant.** Von hier kommen die Besucher auch in den neu gestalteten **Außenbereich,** den trädgården mit der Sommerbühne, auf der es von Mai bis September regelmäßige Theater- und Musikvorstellungen gibt. Neben der Bühne sitzen große Muminfiguren (nach den Büchern von Tove Jansson) beim Kaffeetrinken, umgeben von spielenden Kindern.

Eine Untersuchung im Herbst 2016 hat erwiesen, dass unter den Besuchern von Junibacken auch viele Erwachsene sind. Es handelt sich oft um Pädagogen, die mit den Lindgren-Büchern arbeiten, oder um ältere Leser, die mit ihren Figuren aufgewachsen sind. Im Ausstellungsbereich im Untergeschoss kommen sowohl die Wissensdurstigen als auch die Spielfreudigen unter ihnen auf ihre Kosten.

Am Ende ihres Rundgangs landen die Besucher nicht zufällig im **Buchladen.** Auch dies verrät viel über das gut durchdachte Konzept Junibackens: Sagotåget und Villa Villekulla sind nichts ohne die Bücher, in denen man hier schmökern darf, ja soll. Der Laden hat in Schweden einen ausgezeichneten Ruf. *„Das ist Schwedens bester Kinderbuchladen, denke ich"*, sagte uns zum Beispiel die Literaturagentin Kerstin Kvint, die lange Zeit als Privatsekretärin für Astrid Lindgren arbeitete und sich um die Auslandslizenzen und die Beantwortung der vielen Briefe an die Schriftstellerin kümmerte.

Nun ist es aber auch Zeit, ein wenig von den Menschen zu erzählen, die Junibacken gestaltet haben. Da sind an erster Stelle die Illustratorin Marit Törnqvist und der Schauspieler und Regisseur **Staffan Götestam** zu nennen. Wer den

362bu ws

Film „Die Brüder Löwenherz" von Olle Hellbom gesehen hat, kennt Staffan ganz genau: Er spielte als 22-Jähriger den Jonathan. Heute arbeitet er vor allem als Regisseur und beschäftigt sich vorrangig mit Kindertheater. Natürlich stehen auf seinem Spielplan des Öfteren Lindgren-Stücke.

Er ist der Initiator von Junibacken, doch betrieben wird es heute von anderen. Als wir uns mit ihm zu einem Gespräch treffen, erkennen ihn die Angestellten am Eingang nicht einmal: Mittlerweile hat er als Vorstandsmitglied und Teilhaber nur noch wenig mit dem Tagesgeschäft von Junibacken zu tun. Auf der Terrasse des Cafés allerdings wird er von der Mutter eines Teenagers angesprochen und schüchtern um ein Autogramm gebeten – der ewige Bruder Jonathan.

Anfang der 1990er-Jahre – er arbeitete damals schon mit seinem eigenen Theater – hatte er die Idee zu Junibacken und nahm Kontakt zu Astrid Lindgren auf. Es gab dann eine Vereinbarung auf einem kleinen Stück Papier. „*Sie wollte kein Geld damit verdienen, aber sie hat die Erlaubnis und ihre Unterstützung gegeben*", erinnert sich Staffan Götestam an die Anfänge. Als Domizil wählte er das

⌃ Thomas und Annika lernen Pippi Langstrumpf und ihre Villa Kunterbunt kennen

› Pippi überlegt, ob sie ihren Vater wohl irgendwann wiedertreffen wird

Gebäude aus den 1920er-Jahren, eine ehemalige **Halle für Minensuchboote,** die noch erweitert wurde. *„Der Königliche Garten auf Djurgården ist eine staatliche Stiftung, man konnte also nicht kaufen, sondern nur mieten, und der königliche Rat musste darüber entscheiden"*, erzählt Staffan Götestam. Das Königspaar Carl Gustav und Silvia, selbst gut mit der Autorin befreundet, fand die Idee eines Kulturhauses für Kinder gut, und da die Töchter Viktoria und Madeleine oft das Theater Staffan Götestams besuchten und guthießen, stand der königlichen Unterstützung nichts im Wege.

„Es war von Anfang an klar, dass es kein Museum werden sollte, wo man wie durch einen Glaskasten hindurchschaut", meint Staffan Götestam: Zuerst fährt man mit dem Zug, dann spielt man in der Villa Villekulla, dann isst man etwas im Café, und dann kann man im Buchladen Souvenirs und – in seinen Augen noch wichtiger – Bücher kaufen. *„Es ist eigentlich unglaublich, wie viel auf diese 3000 Quadratmeter Fläche passt, wenn man den Raum in der dritten Dimension nutzen kann."* Als Filmregisseur (unter anderem von „Nils Karlsson-Däumling") war ihm das filmische Denken für eine Inszenierung dieser Art vertraut: *„Es war wie ein kleines Theaterstück, und so brauchte man einen Regisseur und es gab eine Art Drehbuch."*

363bu ws

Die Suche nach der Person, die dies alles in Szene setzen könnte, gestaltete sich schwieriger. Gesucht wurde im Grunde ein Illustrator, der zugleich die Arbeiten leiten konnte: Es gab ja Puppenmacher, Wandmaler, Szenografen, 50 bis 70 Leute, die unter einen Hut zu bringen waren. *„Man konnte ja nicht einfach die Bilder kopieren, es kam noch einmal der Interpretationsschritt der Dreidimensionalität hinzu"*, so Staffan Götestam.

In **Marit Törnqvist** fand Junibacken die ideale Person. Die junge Frau mit holländisch-schwedischen Eltern hatte bereits einige Astrid-Lindgren-Bücher illustriert und war über ihre Mutter Rita Törnqvist-Verschuur, Übersetzerin auch für Lindgren-Titel, mit der Autorin gut bekannt. *„Als ich ihr am Telefon den Vorschlag machte, Junibacken zu gestalten, sagte sie zunächst: Ihr spinnt ja!"*, erinnert sich Staffan Götestam. Aber nachdem sie erfahren hatte, dass er „Jonathan" war und Astrid Lindgrens Zustimmung hatte, willigte sie ein.

Wer mehr über die Entstehungsgeschichte wissen möchte, erfährt dies im Bilderbuch „Eine Reise in Geschichten. Von Junibacken bis Nangilima", in dem eine Auswahl der Bildvorlagen und Textpassagen der Gondelfahrt zu sehen sind. Marit Törnqvist erzählt von den Anfängen, von der Verwandlung ihrer

268bu ws

⌃ Ein diagonaler Spiegel macht's möglich: Illusion ganz ohne Bluescreen

› Die Buchhandlung in Junibacken hat auch eine gute Auswahl ausländischer und damit auch deutscher Lindgren-Bücher

Zeichnungen in dreidimensionale Szenen und von den drei Wochen, in denen sie jeden Morgen mit einer Schachtel Gebäck in die Dalagatan radelte, um mit Astrid Lindgren am Text zu arbeiten.

Durch die gemeinsame Arbeit wurden die junge Frau und die hochbetagte Autorin gute Freundinnen. Und da Astrid Lindgren zwar ihre Zustimmung zu dem Projekt gegeben hatte, aber doch zweifelte, ob das Ganze nicht allzu groß ausfallen würde, beauftragte sie Marit Törnqvist, aufzupassen, *„dass alles recht wird"*. Eine sehr typische Episode, denn Astrid Lindgren sorgte durch ihre Persönlichkeit und durch ihren offenen Umgang mit den Menschen fast immer dafür, dass alles, was in ihrem Namen geschah, auch in ihrem Sinne war. Und im Fall Junibacken ist ihr dies ganz offenbar gelungen. Noch immer kommt Marit Törnqvist gelegentlich vorbei, um sich davon zu überzeugen, dass der Sagotåget nach wie vor funktioniert. Und auch wir sind glücklich, dass wir noch einmal mitfahren können und Astrid Lindgrens *„Hej, alla barn!"* hören dürfen.

Praktische Hinweise

Information

- **Junibacken,** Galärvarvsvägen 8, 11521 Stockholm, Tel. 08/58723000, www.juni backen.se (sehr ausführliche Website mit viel Hintergrund und allen praktischen Informationen, auch auf Deutsch)

Anfahrt

- Junibacken ist mit **öffentlichen Verkehrsmitteln** gut zu erreichen: am schönsten mit der Djurgårdsfähre von Slussen oder Nybrokajen nach Grönalund und von dort zu Fuß am Wasser entlang; mit der schönen historischen Straßenbahn 7N vom Norrmalmstorg (im Juni nur am Wochenende, Juli–August täglich, U-Bahn Kungsträdgården) oder der normalen Straßenbahn 7 vom Hauptbahnhof oder dem Bus 67 vom Karlaplan (U-Bahn) bis zur Haltestelle Nordiska Museet oder mit dem Bus 69 bis zur Haltestelle Djurgårdbron

Es gibt auch einen kleinen eigenen **Parkplatz,** aber er kann in der Hochsaison schnell voll sein und ist wie die gesamte Stockholmer Innenstadt gebührenpflichtig und teuer.

Öffnungszeiten

Ganzjährig tägl. 10–17 Uhr, im Sommer zeitweise von 9 Uhr und bis 18 Uhr. Letzter Einlass eine Stunde vor Schluss

Eintritt

225 SEK, Kinder (2–15 J.) 190 SEK. Die Preise variieren je nach Wochentag und ob man sie online bucht (billiger) oder dort kauft. Die Onlinebuchung, auch die einer kostenfreien Theatervorstellung, empfiehlt sich, schon um langes Anstehen zu vermeiden. Der Eintritt schließt eine Fahrt mit dem „Sagotåget" ein. Man kann dort unter 15 Sprachen Deutsch wählen, sehr zu empfehlen ist aber auch die schwedische Fassung, die Astrid Lindgren selbst gesprochen hat. In der Hochsaison wird den Besuchern eine Zeit zugeteilt, zu der sie sich für den Märchenzug anstellen können, um lange Wartezeiten zu vermeiden. An ruhigen Tagen kann man auch für 20 SEK eine Extra-Runde drehen. Eine Jahreskarte lohnt sich bereits beim dritten Besuch.

Essen

Es gibt ein **Café-Restaurant** mit Selbstgebackenem und warmen Mahlzeiten. Bei gutem Wetter kann man auch draußen direkt am Wasser mit Blick auf die Altstadt sitzen.

Einkaufen

Die **Buchhandlung** wird nicht umsonst als bester Kinderbuchladen Schwedens bezeichnet. Hier gibt es nicht nur (fast) alles von und über Astrid Lindgren, sondern auch das gesamte schwedische und ein kleines fremdsprachiges Kinderbuchsortiment sowie Hörbücher, CDs, DVDs und Spielzeug. Die Buchhandlung kann man auf Nachfrage auch ohne Eintritt betreten.

Übernachten

→ Kapitel 10 „Stockholm"

364bu ws

224bu ws

12

„Nähme ich Flügel der Morgenröte ...“

Eine Fahrt zu den Schären

» Mit dem Boot in das große Schärengebiet vor Stockholm zu fahren, ist ein Erlebnis für sich. Wer sonntags die s/s Blidösund nimmt, darf sich auf dem alten Dampfschiff fühlen wie Pelle auf der „Saltkrokan I“. Ziel sind die Inseln, auf denen die Fernsehserie gedreht wurde, die dem Buch vorausging.

‹ Die Ankunft auf Söderöra ist wie auf den anderen Inseln auch unspektakulär, aber anheimelnd

Astrid Lindgren schreibt:

„Und ich, was muss ich verlassen? Meine Sommerwäldchen, meine Apfelbäume und meine Pfifferlingsstellen. Meine kleinen einsamen Waldpfade. Die abendliche Stille. Nicht mehr auf der Treppe sitzen zu können und die Mondstraße über dem dunklen Fjord zu sehen, keine nächtlichen Schwimmausflüge machen zu können unter einem Himmel, der von Sternen glüht, nicht mehr in einer kleinen Bodenkammer zu schlafen mit dem Wiegenlied der Dünung im Ohr, das wird mir schwerfallen. Und dann die Menschen hier, die unsere Freunde geworden sind, die müssen wir auch verlassen. Oh, wie werde ich die vermissen!"

Malins Tagebucheintrag, aus „Ferien auf Saltkrokan"

Am schönsten gibt eine Fahrt mit dem Dampfschiff „Blidösund" das Saltkrokan-Gefühl wieder

228bu ws

Aus keinem literarischen Werk wird in unserer Familie so oft zitiert wie aus „Ferien auf Saltkrokan“, irgendeine Stelle findet sich immer, die gerade zur Situation passt. Und wenn es Tjorvens „Das kommte bloß so“ ist, mit dem wir ein Missgeschick zu erklären versuchen: Familie Melcherson und ihre Freunde sind ein Teil unseres Lebens geworden, und kein Buch wird so oft wieder zur Hand genommen wie dieses.

So ist es nicht verwunderlich, dass es uns besonders wichtig war, nach Schauplätzen des Buches oder der Filme zu suchen. Wobei unsere lesehungrige Familie es anfangs nur schwer nachvollziehen konnte, dass die **Fernseh- und Kinofilme** dem Buch vorausgegangen sind: In unseren Augen ist es so perfekt wie kein zweites. Doch auch die Filme wecken Lust, sich auf die Spuren der Stockholmer Familie zu begeben. Und so suchten wir in dem riesigen Schärengebiet vor Schwedens Hauptstadt nach dem Schreinerhaus, in dem der tollpatschige Melcher Melcherson mit seinen Kindern Malin, Niklas, Johan und Pelle so herrliche Ferien verbringt.

„Geh an einem Sommermorgen in Stockholm zum Kai am Strandväg hinunter und schau nach, ob dort ein kleiner weißer Schärendampfer mit dem Namen ‚Saltkrokan I‘ liegt. Wenn es so ist, dann ist es der richtige Dampfer und man braucht nur an Bord zu gehen. Punkt zehn Uhr wird er zur Abfahrt läuten und rückwärts von der Pier ablegen; denn jetzt geht er hinaus auf seine gewohnte Fahrt, die bei den Inseln weit draußen endet, dort, wo das Meer beginnt.“

Auch heute noch kann man mit dem Schiff von Stockholm aus in die Schären rund um Saltkrokan fahren, doch die Reise dauert gut einen halben Tag. Obwohl wir in Stockholm gerne und oft ein Boot bestiegen haben, da die Aussicht auf die Stadt vom Wasser aus am allerschönsten ist, begann unsere Fahrt nach Saltkrokan etwas weiter nördlich. Von dem kleinen Ort Furusund aus, wo Astrid Lindgren ihr Sommerhaus hatte, geht im Sommer sonntags ein Boot ins Schärengebiet, und unter sachkundiger und unterhaltsamer Führung des **Skärgårdguides Michael Blum** können Literaturfreunde mit oder ohne Kinder auf eine Art Zeitreise gehen.

Die Bilder der Filme im Kopf, die eigenen Erinnerungen an das Buch im Gepäck, suchen wir die Idylle, die uns so lieb geworden ist. Ziel ist die Insel Norröra, auf der ein Großteil der Filme entstanden ist und wo das Schreinerhaus immer noch als Hauptattraktion dient. *„Den Kindern muss ich natürlich sagen: Pelle und Tjorven wohnen nicht mehr*

☐ Zur Einstimmung liest Michael Blum ein bisschen aus dem Buch vor

225bu ws

Schären nördlich von Stockholm

0 10 km
© Reise Know-How
Lind01 7/23
Norrtälje
E18
Kapellskär
Granhamnsfjärden
276
278
Spillersboda
Stomnärö
Gräskö
Gräsköfjärden
183
Furusundsfjärden
Furusund
Grovstanäs
180
Norröra
Köpmanholm
Norr-
fjärden
Norrsund
Bergshamra
Gränö
Söderöra
Kudoxafjärden
Yxlan
Rödlöga
Storvik
Blidö
Svensboda
Glyxnäs
276
Norrfjärden
Svartlöga
Svartlögafjärden
Siaröfortet
Ö Lagnö
KOBBFJÄRDEN
N Ljusterö
V Lagnö
GÄLNAN
Husarö
Lervikstorp
Arnö
OSTSEE
Edö
Ingmarsö
Fahrstrecke an Sonntagen
Linienschiff "Sjöbris"
Dampfschiff "Blidösund"
Edö-
fjärden
Svartsö
Traskö-Storö
Lådna
Möja
Lökaön
Möja
Västerfjärd
Södermöja
Bockö
BJÖRKSKÄRS-
FJÄRDEN
Sandö-
fjärden
Gällnö
Hemö
Storö
Överby
Möja
Söderfjärd
Kalvsvik
Vindö
Storö
Kanholmsfjärden
Älgö-
fjärd
Koppamora
Harö
HORSSTENS-
FJÄRDEN
Djuro
Stavsnäs

hier“, erläutert Michael Blum über das Mikrofon, *„aber die Leute, die jetzt im Schreinerhaus leben, sind total nett und lassen uns auf ihr Grundstück.“*

Ja nun, **Pelle und Tjorven** haben wir natürlich nicht erwartet. Sie gehen inzwischen auf die 70 zu, und wir würden sie vermutlich nicht erkennen. Ein mitreisender schwedischer Journalist erzählt uns ein bisschen, was aus den Schauspielern von einst geworden ist: Tjorven (Maria Johansson) ist Professorin an der Stockholmer Schauspielschule. Pelle (Stephen Lindholm) ist Journalist und hört es wohl nicht gern, wenn man ihn als Pelle anspricht.

Die Fahrt nach Norröra ist schön, wenn auch der Himmel grau ist. Wir fahren an einem kleinen Steinhaufen vorbei, der auf der Karte mit „Kråkan“ bezeichnet ist. Eigentlicher Namensgeber aber war das Boot des Verlegers Hans Rabén, eines guten Freundes von Astrid Lindgren, das „Saltkråkan“ (Salzkrähe) hieß. Es gibt hier auch eine kleine Insel, die Lill-Asken heißt, was uns an den Ort erinnert, an dem Pelle sein Kaninchen Jocke ersteht.

Als wir **Norröra** erreichen, versammelt Michael Blum uns alle auf der Landungsbrücke, um uns ein bisschen einzustimmen. Er macht dies sehr nett, so wie er auch auf der Fahrt kleine Anekdoten, zum Teil im Dialekt der Gegend namens Roslagen und nicht ohne schauspielerisches Talent, von sich gibt. Er spielt, wie das die Schweden so oft und gerne tun, und alles wirkt leicht und gut gelaunt. Dennoch kommt es uns seltsam vor, mit so vielen anderen Besuchern den schmalen Pfad entlangzustapfen, vorbei an den Sommerhäusern anderer Leute, die hier wie die Familie Melcherson doch eigentlich nur ihre Ruhe suchen. Norröra, früher eine reine Fi-

Vom Anlegesteg bis zur großen Wegkreuzung, dann rechts: Kurz vor dem Wasser steht das alte Schreinerhaus auf der rechten Seite

226bu ws

scherinsel, wird heute fast nur noch von Sommergästen bewohnt, die wenigsten versuchen, hier zu überwintern.

Alles ist schön und enttäuschend zugleich. Unsere Tochter zum Beispiel hatte sich das **Schreinerhaus** deutlich älter und heruntergekommener vorgestellt, aber natürlich: Hier wohnen Menschen, die in dem Haus ihre Sommerferien verbringen wollen und keine Bruchbude brauchen können. Ein anderes Phänomen ist das Fehlen von gluckerndem Wasser. Wo Melcher auf dem Steg saß und zusehen musste, wie seine Söhne einen Fisch nach dem anderen aus dem Meer zogen und er keinen einzigen, da kann heute von Angeln nicht die Rede sein. Das liegt unter anderem daran, dass sich die schwedische Landschaft hier in hundert Jahren um 40 Zentimeter hebt. Auch ist die Umgebung des Schreinerhauses sehr viel stärker zugewachsen, da es kein weidendes Vieh mehr gibt. Alles erscheint uns daher nicht so vertraut wie erwartet. *„Vieles, was man im Film nicht sieht“,* erklärt Michael Blum, *„wurde bei den Dreharbeiten einfach geschickt versteckt.“* Neben dem Hauptgebäude werden in einem Schuppen ein paar Originale, einige nachgestellte Requisiten und viele Zeitungsartikel sowie Plakate gezeigt.

Astrid Lindgren hatte ihre genaue Vorstellung von Saltkråkan, als sie im Sommer 1963 das Drehbuch für die erste Fernsehserie fertig stellte. Zusammen mit dem Produzenten Olle Nordemar und dem Regisseur Olle Hellbom suchte sie viele Inseln des Schärengebietes auf, um einen geeigneten Drehort zu finden. Die Filmemacher fanden ihn nicht nur auf Norröra, wo das Schreinerhaus steht. Große Teile sind auf der Nachbarinsel **Söderöra** gedreht. Im Übrigen wurde noch auf Rödlöga und auf den finni-

⊻ Wenige Objekte, liebevoll arrangiert: kleine Ausstellung im Schuppen neben dem Schreinerhaus

269bu ws

schen Åland-Inseln gedreht, wo es unbemalte Bade- und Bootshäuser gab. Die Winterszenen entstanden vor dem Kastell von Vaxholm, das praktischerweise etwas näher an der Stadt liegt. Der letzte der Kinofilme („Glückliche Heimkehr") mit dem Komikerduo Hasse Alfredsson und Tage Danielsson entstand dagegen auf einer Insel im Schärengarten von Gryt (Östergötland). Dort sind aber kaum noch Hinweise auf die Dreharbeiten zu entdecken.

Die Bewohner von Norröra und Söderöra können sich zum Teil noch lebhaft an die Zeit der Dreharbeiten erinnern. *„Für uns ist es ganz lustig, die Filme zu sehen, denn sie springen immer von Norröra nach Söderöra und wieder zurück. Was für die normalen Zuschauer ein einziger Schauplatz ist, sind für uns eben zwei Inseln"*, amüsiert sich zum Beispiel Barbro, die uns auf Söderöra leckeren Fisch verkauft.

Aber es werden nicht nur viele Drehorte zu einem einzigen Schauplatz: In einem Gespräch mit dem Filmproduzenten Waldemar Bergendahl von Svensk Filmindustri in Stockholm, dem

148bu ws

Nachfolger Olle Nordemars, macht er uns klar, dass es im Grunde **unzählige Versionen von Saltkrokan** gibt. Zuerst wurden die Fernsehfassungen gedreht: „Ferien auf Saltkrokan" ist die einzige Lindgren-Erzählung, die ursprünglich fürs Fernsehen entstanden ist. Daraus wurden später Kinoversionen gemacht. Für die Kinofassung wurden neue Szenen gedreht, die später wiederum zum Teil die Fernsehfolgen ergänzten. Wer da nicht absoluter Cineast ist, verliert schnell den Überblick – und greift glücklich nach dem Buch, das eine geschlossene Einheit bildet.

Auf der Rückfahrt fahren wir an **Furusund** vorbei, wo Astrid Lindgren und ihre Familie alljährlich den Sommer verbrachten. Ihr Mann Sture Lindgren, den sie 1931 geheiratet hatte, war der einzige Sohn einer Malmöer Familie, und als dem Vater klar wurde, dass sein Sohn künftig in Stockholm bleiben würde, kaufte er sich ein ehemaliges **Lotsenhaus** auf der Insel, um in der Nähe bleiben zu können. Es war anfangs alt und ein bisschen heruntergekommen, aber es erfüllte seinen Zweck: Es war ein Heim für Astrid Lindgrens Schwiegereltern, in dem sie ihren Lebensabend verbrachten. Nach dem Tod der Schwiegermutter übernahm die Schriftstellerin das Haus, ließ Strom legen und machte es noch wohnlicher. So ist es auch in Saltkrokan nachzulesen: Mit großer Liebe und Sorgfalt richtet Malin das alte Schreinerhaus her und macht es zu einem wirklichen Heim.

Von da ab siedelte Astrid Lindgren in jedem Sommer von der Stadt auf die Insel über, wo sie Ruhe zum Schreiben fand und ihre Tage in der so geliebten Natur verbrachte. Anfangs war es beschwerlich, mit einem Kleinkind und wenig Komfort. Man reiste damals mit dem Dampfer an, heute verbindet Furusund eine Brücke mit dem Festland, der Ort ist gewachsen und der „lanthandel" (Dorfladen) gleich um die Ecke.

Das Haus liegt auf einem großen Felsen am Sund. Von der Veranda aus, auf der Astrid Lindgren an so vielen ihrer Bücher gearbeitet hat, sieht man, wie sich die riesigen Fähren nach Finnland durch die enge Wasserstraße schieben. Ein majestätischer Anblick, und ein spannender Kontrast zu den kleinen Ferienhäuschen, in denen die Bewohner vor allem Ruhe suchen und finden.

Das soll auch so bleiben, darin ist sich die Familie Lindgren einig. Tochter **Karin Nyman** und ihr Mann Carl Olof besitzen ebenfalls hier ein Ferienhaus, so wie einige andere Mitglieder der Familie. Hier trifft man sich im Sommer, die Enkelkinder spielen miteinander, man teilt die Blaubeer- und Pfifferlingsstellen und badet an kleinen Felsen, die von allen „Nordkap" genannt werden. Hier wird niemals ein Museum entstehen, das Haus soll weiterhin den Enkeln als Feriendomizil dienen. *„Und mir auch"*, sagt Karin Nyman, als wir sie an einem strahlend schönen Junitag besuchen dürfen, und sie lächelt ein bisschen. Sie sieht ihrer Mutter sehr ähnlich, und als wir später durch den Ort gehen und in einem Restaurant nach einem Dampferfahrplan fragen, sehen etliche Besucher erstaunt hoch und man sieht es in ihren Köpfen arbeiten: Ist sie es oder nicht?

◁ Astrid Lindgrens Sommerhaus, idyllisch am Sund mit Blick auf Yxlan gelegen

227bu ws

Karin Nyman geht sehr gelassen mit der Tatsache um, eine berühmte Mutter zu haben. Die Natürlichkeit und Bescheidenheit, die der weltbekannten Autorin bis zuletzt geblieben ist, hat der Tochter das Leben mit der Öffentlichkeit wohl erleichtert. Sie selbst hat lange als Übersetzerin gearbeitet, es waren vor allem ihr Mann Carl Olof und ihr Sohn Nils, die sich um das literarische und finanzielle Erbe gekümmert haben. Heute ist diese Arbeit auf mehrere Schultern der Enkelgeneration verteilt.

Und die Touristen? Größere Besucherströme sind hier nicht zu befürchten, denn das gibt Furusund nicht her: Es ist kein Ort mit einem Zentrum, es gibt keinen Strandväg zum Bummeln und keine Andenkenläden. Im Yachthafen landen Segler, die hier die Dusche benutzen wollen, es gibt ein paar Möglichkeiten einzukehren. Literaturfreunde aber werden hier nicht fündig, und für Kinder ist es sogar ein bisschen langweilig.

Auf der Rückfahrt von Norröra bietet der Skärgårdsguide und Lindgren-Kenner Michael Blum gemeinsam mit einem Freund an der Gitarre die Gelegenheit zu einem bei den Schweden so beliebten **„allsång“**. Glücklicherweise hat er Zettel mit Texten dabei, damit auch die Erwachsenen mitsingen können. Wir persönlich mögen die zurückhaltende Art, mit der Michael Blum hier Tourismus betreibt. Er schafft die Möglichkeit, auf Spurensuche zu gehen, und ist zugleich bemüht, den Rahmen klein und persönlich zu halten. *„Vergesst nicht, dass Ihr Euch hier auf privatem Grund bewegt“*,

Die Dampfmaschine der „Blidösund“ muss immer wieder geschmiert werden

ermahnt er die Besucher, die sich mit ihren Picknickkörben auf dem Gartentisch vor dem Schreinerhaus niederlassen dürfen. Und neben den vielen Informationen und Anekdoten, die er für seine Schäflein parat hat, nimmt er sich genügend Zeit, um aus dem Buch vorzulesen, das auch für ihn das Zentrum des Saltkrokan-Mythos zu sein scheint.

Mittlerweile hat er allerdings einen Nachfolger eingearbeitet, der weiterhin bei den sonntäglichen Touren dabei sein wird. Emil Geschwind verfügt über viel Erfahrung in der Arbeit mit Besuchergruppen: Er hat mit anderen das Freilichtmuseum Vikingabyn Storholmen nördlich von Norrtälje aufgebaut, wo er als Hövding, als Häuptling, Einblick in die Zeit der Wikinger gibt. Einziger Wermutstropfen bei dieser Übergabe von einer Generation zur nächsten: Es wird auf dem Heimweg nach Stockholm keinen allsång mehr geben. Wer künftig auf der S/S Blidösund, mit der wir in Sachen Saltkrokan unterwegs sind, Musik erleben möchte, muss einen anderen Tag wählen, wenn schwedische Musiker hier ein kleines Programm anbieten. Da sind mit etwas Glück sogar bekannte Namen darunter: Die Jazzsängerinnen Viktoria Tolstoy und Ida Sand sind hier aufgetreten oder das Göteborger a-capella-Trio Solala. Um Astrid Lindgren geht es da meist weniger, wenn deren Lieder auch fester Bestandteil der schwedischen Musikkultur sind.

Wer unter der Woche nach Norröra reist, nimmt meist die modernen Boote namens „M/S Sjöbris“ oder „M/S Sjögull“, die von Stockholms Strömkajen, von Östanå oder von Furusund aus starten. An Sommersonntagen aber besteht die Gelegenheit, mit dem einzigen **Dampfschiff** der Gegend zu fahren, das noch mit Kohle betrieben wird. Diese **„Blidösund“** ist in unseren Augen mehr als ein Museumsboot, sie ist eine absolute Schönheit. Die „Salongs“ sind mit viel Mahagoni-Holz ausgestattet, im eleganten Speisesaal fühlen sich die Gäste an alte Zeiten erinnert. Man kann sich gut vorstellen, wie der kleine Pelle vom Bug bis Achtern alles gründlich untersucht. Aber die Kinder heute werden nirgends weggejagt, nur der Maschinenraum ist natürlich tabu.

Die Heizer, die hier alle zehn Minuten Kohlen schippen müssen, sind wie es sich gehört ganz schwarz im Gesicht. Der Kapitän auf der Kommandobrücke herrscht über den altertümlichen Maschinentelegrafen, mit dem die Signale an den Maschinisten im Schiffsbauch weitergegeben werden. Einmal hat diese Befehlsübermittlung nicht geklappt: Weil der Heizer „Volle Kraft voraus“ statt „Zurück“ verstanden hat, krachte die Blidösund im Sommer 2001 in eine Kaimauer in Furusund. Es war das Nachbargrundstück des Lindgren'schen Ferienhauses. Große Aufregung, und in einem Buch, das vor dem Speisesaal ausliegt, ist die amüsante Schilderung eines Journalisten nachzulesen, der mit einem Freund diesen **Unfall** miterlebt hat. *„Man hört, Astrid Lindgren sei an Bord. Wir müssen gehen und sie retten“*, schreibt er belustigt über die Stimmung, die an diesem Tag in Furusund herrschte. Glücklicherweise kam durch den Unfall niemand zu Schaden. Und wie ging die Geschichte aus? *„Die Leute haben ihr Geld nicht zurückbekommen. Im Gegenteil: Sie haben Geld für die Restaurierung gesammelt. Das Maschinenpersonal, das volle Fahrt voraus statt zurück ausgeführt*

hat, konnte aufhören zu weinen. Håll ångan uppe!", heißt es in dem Bericht. Wörtlich übersetzt: „Halte den Dampf hoch". Diese Redewendung wird im Schwedischen auch von Nicht-Seeleuten als Aufmunterung verstanden.

Unsere Fahrt mit dem Dampfboot Blidösund und dem liebenswürdigen Michael Blum durch die Schären zählt gewiss zu den Höhepunkten unserer Reisen. Dennoch sind wir nicht sicher, ob man die Insel überhaupt suchen soll. Wer seinen Kindern das eigentliche **Saltkrokan-Gefühl** vermitteln möchte, dem bleibt eben nur eines: ein Ferienhaus mieten und mindestens drei Wochen dort bleiben. Saltkrokan, das bedeutet: Zeit haben, Faulenzen, Blaubeeren pflücken oder Pfifferlinge sammeln, Barsche angeln, sofern man angeln möchte, lecker essen (nicht unbedingt nach Melchers Art ...), zu jeder Tages- und Nachtzeit baden oder Bootstouren unternehmen, seine Zeit mit der Familie oder mit Freunden verbringen und die wundervolle schwedische Natur genießen.

△ Letzte Vorbereitungen, bevor die Gäste der „Blidösund" den Salon entern

Praktische Hinweise

Information

- **Tourveranstalter Blidösundbolaget,** Ferkens Gränd 3, 11130 Stockholm, Tel. 08/ 243090, www.blidosundsbolaget.se (dann Utflykter/Norröra)
- **Skärgård-Führer Michael Blum:** Stora Brogatan 7 B, 76163 Norrtälje, Tel. 070/ 4915036, www.michael-blum.se. Sein Nachfolger heißt Emil Ge-

schwind und ist nebenbei im Freilichtmuseum Vikingabyn Storholmen nördlich von Norrtälje als Häuptling einer Wikingerhorde zu erleben.

Anfahrt/Fahrplan

- Mit dem **Auto von Stockholm nach Furusund** (insgesamt rund 90 km): E18 Richtung Norrtälje/Kapellskär, an Norrtälje vorbei, gut 5 km hinter Norrtälje nach rechts auf die Straße Richtung Furusund abbiegen, dann noch knapp 20 km
- Mo–Do selbst organisiert mit den kleinen Linienschiffen **„Sjöbris"** und **„Sjögull"** von Stockholm/Strömkajen Ende Juni bis Mitte August über Furusund nach Norröra. Abfahrt 8:30, Rückkehr 17.30 Uhr, auf Norröra knapp 3 Stunden Aufenthalt, keine Führung. Fahrplan und Buchung www.waxholmsbolaget.se
- Sonntags von Stockholm (Strömkajen) mit dem Linienschiff **„Sjöbris"** nach Glyxnäs auf Blidö, dort umsteigen auf das Dampfschiff **„S/S Blidösund"** oder von Furusund direkt mit dem Dampfschiff nach Norröra. In Norröra Führung (auf Schwedisch), Zeit für ein Picknick und/oder ein Bad im Meer
- Von Norröra zurück über Furusund nach Stockholm, alles mit der **„S/S Blidösund"**

Stockholm, Strömkajen	8.30
Furusund	10.05
Glyxnäs, (Blidö)	11.10
Norröra an	12.10
Norröra ab	14.30
Furusund	15.00
Stockholm	19.45

Buchung: www.blidosundsbolaget.se

- **Achtung:** Fahrplanänderungen möglich.

Preise

Dampfschifffahrt inklusive Führung auf Norröra

- **Von Stockholm:** 465 SEK, Senioren 365 SEK, Kinder (7–19 J.) 235 SEK, Kinder (0–6 J.) 25 SEK
- **Von Furusund:** 300 SEK, Senioren 255 SEK, Kinder (7–19 J.) 125 SEK, Kinder (0–6 J.) 25 SEK
- **Linienfahrt ab Stockholm und zurück 346 SEK,** Kinder (7–19 J.) 228 SEK

Essen und Einkaufen

- Warmes und kaltes Essen, Eis und Getränke und auch ein kleiner Skärgårdslunch für 145 SEK **an Bord** der Boote. Wem das zu teuer ist, der sollte sich vor der Abfahrt mit Lebensmitteln eindecken (Lebensmittelgeschäft in Furusund).
- Restaurant und Hafencafé in **Furusund**
- Auf **Norröra:** Das Schreinerhaus bietet die Möglichkeit für ein privates **Picknick.**

Übernachten

- Auf Norröra gibt es nur wenige zu mietende **Ferienhäuschen.** Man kann aber im ganzen Schärengebiet (oft übers Internet) fündig werden, für die Hauptsaison sucht man möglichst schon im Winter.

Filmschiff „Saltkrokan I"

- Die echte „Saltkråkan I", die im Film benutzt wurde, hieß ursprünglich Valkyrian und sollte eigentlich schon verschrottet werden. Leider fährt sie nicht mehr durch die Schären. Das 1915 gebaute Schiff lag zuletzt – zur Unkenntlichkeit umgebaut – als Restaurantschiff in Jönköping auf dem Vättersee.

150bu sc

13

Besuch in der Villa Kunterbunt

Visby und Kneippbyn auf Gotland

» Die Villa Kunterbunt, wie man sie aus der Fernsehserie und den Filmen kennt, gibt es noch. Sie steht auf der Insel Gotland inmitten eines großen Freizeitparks mit Karussell und Wasserrutsche. Für diejenigen, die es gern etwas trubeliger haben.

‹ Diese Villa Kunterbunt war die Kulisse für die Außenaufnahmen der Pippi-Filme

Astrid Lindgren schreibt:

„Die kleine, kleine Stadt sah sehr hübsch und gemütlich aus mit ihren gepflasterten Straßen, ihren niedrigen kleinen Häusern und ihren Gärten mit den Blumenbeeten. Jeder, der dorthin kam, musste finden, dass es sich hier ruhig und behaglich leben ließ."

„Hinter dem Zaun lag ein verwilderter Garten mit alten moosbedeckten Bäumen und ungemähtem Rasen und einer Menge Blumen, die wuchsen, wie und wo sie Lust hatten. Ganz hinten im Garten stand ein Haus – ach, ach, was war das für ein Haus! Es sah so aus, als ob es jeden Augenblick zusammenfallen wollte."

„Ich bin ein Kind, und das hier ist mein Heim, also ist es ein Kinderheim. Und Platz habe ich hier. Reichlich Platz."

Aus „Pippi Langstrumpf"

Visby ist eine ausgesprochen stilvolle „kleine, kleine Stadt" am Meer

366bu ws

Die *Villa Kunterbunt:* Während viele Eltern von frei stehenden Einfamilienhäusern mit sauber geschnittenen Rasenflächen träumen, ist dieses verfallene und mit allerlei Krimskrams angefüllte Haus für viele Kinder das Traumhaus schlechthin. Die meisten von ihnen sind selbst Sachensucher wie Pippi, Tommy und Annika, und ein Haus, in dem sie ihr Chaos ausleben dürften, wäre reine Glückseligkeit. Und zu denken, dass es dieses Haus tatsächlich gibt, dass man es besichtigen kann ...

Um die Villa Kunterbunt zu finden, muss man die Fähre nach Gotland nehmen. Auf der Ostseeinsel, einige Kilometer von der alten **Hansestadt Visby** entfernt, steht nämlich das Haus, das man aus den Filmen von Olle Hellbom kennt. Auch die kopfsteingepflasterten Straßen der mittelalterlichen Stadt kann man in den Filmen entdecken, die zum Teil dort gedreht wurden. Die „kleine, kleine Stadt" könnte durchaus in Visby angesiedelt sein, wenn man nicht wüsste, dass im Grunde Vimmerby die Stadt aller kleinen Städte in Astrid Lindgrens Werk ist.

Im Film aber ist Visby diese Stadt, durch die Pippi gleich in der ersten Szene geritten kommt. In der Touristeninformation bekommen wir einen **deutschsprachigen Flyer,** der getreulich alle Drehorte in Visby selbst und auch im übrigen Gotland auflistet und beschreibt: Auf **Fårö** ganz im Norden wurden die Szenen mit dem Piratenschiff am weiten Sandstrand aufgenommen; am Eingang der **Lummelunda-Grotte,** einer Schauhöhle nördlich von Visby, spielt Pippi mit Thomas und Annika; am Kirchturm von **Tofta** südlich von Visby an der Westküste befestigt Pippi ihren Heißluftballon; und ganz im Süden liegt die verlassene Mühle von **Gervalds,** in der die Kinder den Hausierer Konrad treffen. Alle diese und weitere Orte lassen sich gut mit einem Ausflug verbinden, sei es mit dem Fahrrad oder mit dem Auto.

Am schönsten fanden wir es aber, durch die ruhigen, mit Heckenrosen bewachsenen Gassen der **Oberstadt von Visby** zu streifen, immer wieder mit Blick auf die romantischen Kirchenruinen und das dahinterliegende Meer. Dabei entdeckt man die eine oder andere Ecke aus den Filmen wieder: Am Klinttorget tanzt Pippi auf dem Seil, durch das Stadttor Brunnsporten reitet sie gleich zu Beginn des ersten Films und durch die Nygatan radelt sie auf ihrem Fahrrad ohne Räder.

Doch natürlich fahren auch wir raus nach **Kneippbyn,** wo sich heute die Villa Kunterbunt in einem großen Vergnügungspark befindet. Doch man soll nicht sagen, dass wir nicht gewarnt worden seien: Alle, mit denen wir über die Schauplätze gesprochen hatten, waren entsetzt, wenn das Thema Kneippbyn auf den Tisch kam. *„Man sollte es am besten überhaupt nicht erwähnen"*, hörten wir sowohl von Astrid Lindgrens Tochter Karin Nyman und ihrem Mann Carl Olof als auch von Filmproduzent Waldemar Bergendahl, und Karin Nyman sagt ganz klar: *„Das hatte nicht die Zustimmung meiner Mutter."* Um es kurz zu sagen: Sie haben Recht.

Wer umtriebige Freizeit- und Vergnügungsparks mag, kommt allerdings zunächst einmal auf seine Kosten. Aus dem ehemaligen Kurort, benannt nach dem deutschen Naturheilkundler Sebastian Kneipp, ist mehr oder weniger ein Rummelplatz geworden. Das **„Sommarland“** (Freizeitpark) liegt direkt auf der Steilküste oberhalb des Meeres, und weil wir uns einen strahlend schönen Spätsommertag für unseren Besuch ausgesucht haben, genießen wir einen fantastischen Blick über das blaugrüne Wasser mit seinen kleinen Schaumkrönchen. Wir zahlen den nicht ganz billigen Eintrittspreis, und unsere Mädchen, die eher selten in den Genuss eines Vergnügungsparks kommen, sind begeistert: Kanufahren mit Papa, Berg-und-Tal-Bahn, Trampolin, kleine Eisenbahn, Karussell, Kettcar-Bahn und vieles mehr.

Neben dem Sommarland gibt es noch das **Vattenland,** ein Spaßbad mit etlichen Rutschen. Dritter Bestandteil Kneippbyns ist ein großer Camping- und Hüttenplatz, der älteste Teil der Einrichtung. Hier begann Gründer Einar Nyberg zunächst mit wenigen Touristen und einem Tanzboden.

1970 gelang ihm ein großer Coup, als er die **Villa Villekulla** (Villa Kunterbunt) für 50.000 Kronen kaufen konnte. Das Haus, Baujahr 1910, stand ursprünglich außerhalb der Stadtmauer von Visby auf Militärgelände und wurde während der Dreharbeiten von 1968 bis 1971 genutzt, allerdings nur als Außenkulisse. Die Innenaufnahmen entstanden sämtlich im Studio. Noch während der Dreharbeiten wurde das Gebäude auf Eisenschienen wie auf einem Schlitten nach Kneippbyn umgesetzt, und heute ist es die Hauptattraktion des Freizeitparks.

Die Villa steht etwas erhöht auf dem Gelände des Sommarlandes und glänzt frisch renoviert in knackigem Gelb und Giftgrün zu uns herüber. Derartige Renovierungsarbeiten gab es seit den Dreharbeiten des Öfteren, mit dem Be-

229bu ws

griff „Original“ darf man es in Kneippbyn nicht zu genau nehmen. Vor der Villa Kunterbunt steht ein Modell der **„Hoppetosse“**, auf dem die Kinder gerne herumklettern.

Und das Haus? Im Eingang hängen Fotos von der Verfilmung, vom Band wird wieder und wieder „Här kommer Pippi Långstrump“ gedudelt, im **Erdgeschoss** sehen wir Pippis Bett und einen großen Raum, mit unzähligen Kleinigkeiten angefüllt. Weshalb nur haben wir das Gefühl, dass es nicht stimmig ist, dass viele Dinge nichts mit Pippi zu tun haben können? Wir empfinden alles als lieblos und undurchdacht.

Im **oberen Stock** sitzt Astrid Lindgren als Wachsfigur und „liest“ aus Pippi vor. Es ist ihre Stimme, und dennoch: Der kurze Abschnitt wird wieder und wieder abgespielt, bis einem sogar die Autorin leicht auf die Nerven geht. Und die kleine Informationstafel davor? Schlicht und einfach falsch, denn Pippi war nicht ihr erstes veröffentlichtes Buch, das war „Britt-Mari erleichtert ihr Herz“. Aber das ist heute nicht mehr so bekannt, also lässt man es einfach unter den Tisch fallen. Und natürlich stimmt es, dass Tochter Karin, als sie einmal krank war, den Anstoß zu diesem für die Kinderliteratur so wichtigen Buch gab. Aber muss man das in so dürren Worten erzählen wie in Kneippbyn? Wo bleibt der Zauber, den man überall sonst, wo man auf Astrid Lindgrens Spuren reist, empfindet?

Hören wir doch einmal, wie Astrid Lindgren diese Episode ihres Lebens selber schildert, in ihrem Erzählband „Das entschwundene Land“: *„1941 lag meine Tochter Karin krank im Bett, und eines Abends sagte sie: ‚Erzähl mir was von Pippi Langstrumpf.‘ Es war ein Name, der ihr gerade in diesem Augenblick durch ihren fieberheißen Kopf geschossen war. Ich tat ihr den Gefallen und dachte mir eine närrische Range aus, die zu dem Namen passen konnte, und musste bald entdecken, dass uns eine Pippi ins Haus geschneit war, die wir nicht wieder loswerden konnten. 1945 wurde sie gedruckt, einerseits abgelehnt, andererseits preisgekrönt, jedenfalls lag sie plötzlich in den Buchhandlungen. Manche hielten sie für ‚etwas Unbehagliches, das an der Seele kratzt‘, andere schlossen sie seltsamerweise in ihr Herz. Die Kinder taten es, und für sie hatte ich ja geschrieben. Oder, richtiger gesagt, für das Kind in mir, das noch immer nach Büchern hungert. Die-*

‹ Im Sommer blühen in allen Gassen Visbys die Rosen

⌄ Auf der Hoppetosse lässt sich mit Blick aufs Meer wunderbar Seeräuber spielen

153bu ws

ses Kind entdeckte mit Jubel – ja du liebe Zeit! – Bücher schreiben macht ja genauso viel Spaß wie sie lesen!"

Und so war der Grund dafür gelegt, dass Astrid Lindgren Schriftstellerin wurde. In Kneippbyn kann man davon aber nichts erfahren. Und als wir unseren Rundgang fortsetzen, wird es richtig schlimm: Der **Dachboden** wurde als eine Art Geisterbahn inszeniert, mit wackelnden Puppenköpfen, rot glühenden Augen und kleinen Figuren überall, die sich bewegen.

Unser Fazit für Pippi-Fans: Wer nicht unbedingt die „Original-Villa" sehen muss, der sollte Kneippbyn vergessen. Zwar gibt es in der Hauptsaison gut gemachte **Theaterszenen** und eine nett gemachte **„Sångstund"** zum Mitsingen mit Pippi, der Prusseliese (die übrigens nur im Film und nicht in den Büchern vorkommt) und den Polizisten Kling und Klang, doch man kann das „stärkste Mädchen der Welt" in Astrid Lindgrens Welt in Vimmerby mit seinen hervorragenden Schauspielern oder in Stockholms Junibacken viel authentischer erleben – „originale" Villa hin oder her.

Oder man besorgt sich eine Ausgabe mit den Zeichnungen der dänischen Illustratorin **Ingrid Vang Nyman,** deren Pippi-Figur bis heute bei den meisten Schweden als die einzig wahre gilt. Die junge Frau hatte 1945 den Auftrag bekommen, nach Astrids eigener Zeichnung eine Probe abzuliefern, und als die Autorin die Entwürfe sah, sagten sie ihr sofort zu. Auch von der Kritik wurden die Bilder als kongenial beurteilt. Trotz des großen Erfolges wurde Ingrid Vang Nyman, von der auch die ersten Bullerbü-Illustrationen stammen, nicht sehr bekannt. In Deutschland gibt es heute von ihr drei Bilderbücher: „Kennst du Pippi Langstrumpf?", „Pippi im Park" und „Pippi fährt nach Taka-Tuka-Land" (alle bei Oetinger). Erst in den 1990er-Jahren wurde die Genialität der 1959 früh verstorbenen Künstlerin erkannt. 2015 erschien im Oetinger Verlag ein Sammelband mit 36 Pippi-Langstrumpf-Comics. Er basiert auf den ab Ende der 1950er-Jahre in der Kinderzeitung „KlumpeDumpe" erschienenen Illustrationen der Dänin.

Für die Übersetzungen in andere Sprachen wurden meist weniger sperrige Illustratoren beschäftigt. In Deutschland waren dies für Pippi Walter Scharnweber und Rolf Rettich und in jüngster Zeit Katrin Engelking. Es war ja schon mutig genug von dem jungen Verleger **Friedrich Oetinger,** der eigentlich soziologische und Wirtschaftsliteratur herausgab, das Kinderbuch einer jungen Autorin aus Schweden zu veröffentlichen, das bereits von fünf deutschen Verlagen abgelehnt worden war. Als er während einer Schwedenreise in einer Stockholmer Buchhandlung zufällig auf das Buch stieß, vermittelte der Buchhändler die Bekanntschaft mit Astrid Lindgren. Friedrich Oetinger bat die Autorin um eine Option für „Pippi", und diese sagte: *„Von mir aus gerne".* Damit begann eine lebenslange Freundschaft zwischen der Autorin und Friedrich und Heidi Oetinger. Diese kleine Episode hatte ungeahnte Folgen, nicht nur für den Verlag, der sich damit zum Kinderbuchverlag wandelte, sondern für die gesamte Kinderliteratur in Deutschland.

155bu sc

⌃ Der erste Entwurf einer Pippi Langstrumpf, von der Autorin selbst gezeichnet

‹ Beim Theater in Kneippbyn vollführen die Polizisten Kling und Klang waghalsige Kunststücke

Praktische Hinweise

Information

- Visby Turistbyrå, Donnerska huset, Donners plats 1, Visby, 0498/201700, www. gotland.com, geöffnet Mai tägl. 9–17, Juni–Mitte Aug. tägl. 9–18, Mitte–Ende Aug. Mo–Fr 9–17, Sa, So 10–16, Sept.–April Mo–Fr 9–17, Sa 10–15. Hier (und auf der Homepage auf Schwedisch, Suchbegriff „Pippi") gibt es den Flyer zu den Pippi-Schauplätzen.
- In der Hauptsaison kann man einmal wöchentlich auch an einer netten geführten Tour auf Pippis Spuren durch Visby teilnehmen. Sie dauert etwa eine Stunde, richtet sich an Kinder von 4–9 Jahren, allerdings sollte man dafür etwas Schwedisch verstehen. Kinder 150, Erwachsene 90 SEK, buchbar bei Gotland Active Store, Hamngatan 4, Visby, www. gotlandactive.se
- **Kneippbyn 15,** 62261 Visby, Tel. 0498/ 296150, www.kneippbyn.se. Täglich um 13 Uhr gibt es auf einem kleinen Hügel vor dem Restaurant eine Singstunde mit Fräulein Prusselius und Kling und Klang. Gesungen wird auf Schwedisch, aber es geht nicht nur um die Pippi-Lieder. Höhepunkt des Tages ist eine Theatervorstellung mit Pippi Langstrumpf und anderen Figuren aus dem Buch vor der Villa Villekulla (nur in der Hauptsaison und um 15 Uhr). Die deutschsprachige Seite der Homepage bietet auch Informationen über die Villa Kunterbunt und ihre Filmgeschichte.

[^] Stilvoll wohnt man in Visby …

[>] Bei der Sångstund dürfen Kinder und Erwachsene mitsingen

- Wer sich näher mit dem Buch beschäftigen will, hat seit dem Jubiläumsjahr 2007 auch die Gelegenheit, die „Ur-Pippi", die erste Version, auf Deutsch zu lesen. Im Vergleich zur Normalausgabe ist die ursprüngliche Pippi mit ihren Nonsense-Versen lustiger und respektloser, aber auch etwas gröber.
- Für Pippi-Nerds empfehlen wir die Website efraimstochter.de, eine private Seite, die Unmengen von Infos zu Pippi Langstrumpf bereithält. Etwas selbstgebastelt, aber sehr liebevoll und persönlich gemacht.

Anfahrt

- **Fähre von Oskarshamn,** Nynäshamn und im Sommer auch von Västervik. (www. destinationgotland.se). Seit 2021 bedient die Schwesterreederei auch die Strecke Rostock-Visby (https://hansadestinations.com).
- Es gibt mehrere **Fahrradverleihe,** empfehlen können wir Visby Hyrcykel, Österport, Tel. 0498/256610, www.visbyhyrcykel.se, direkt außerhalb der Ringmauer. Gute Ziele sind im Norden einige Strände und die Lummelunda-Grotte, im Süden Kneippbyn, die Steilküste Högklint und weiter weg Strand und Kirche von Tofta.

231bu ws

- Die meisten Orte sind von Visby aus auch gut mit dem **Bus** zu erreichen: www.gotland.se/1067.
- Kneippbyn liegt ca. 3 km südlich von Visby, die Abzweigung von der Straße nach Klintehamn ist ausgeschildert. Von der Stadtbushaltestelle Kneippbygatan läuft man ca. 15 Minuten zum Eingang.

Essen und Einkaufen

- In **Kneippbyn** gibt es mehrere Restaurants und Imbissbuden.
- **Visby** hat ein exzellentes Angebot an Läden und Restaurants aller Art.

Öffnungszeiten, Eintritt

- In der Vorsaison (Ende Mai–Ende Juni) und Nachsaison (Mitte–Ende August) ist Kneippbyn nur tageweise geöffnet, in der Hauptsaison (Ende Juni–Mitte August) täglich. Es gilt ein einheitlicher Preis für Kinder (ab 3 J.) und Erwachsene für Sommar- & Vattenland (Freizeitpark und Spaßbad) zusammen. In der Nebensaison ist das Angebot an Attraktionen und Veranstaltungen eingeschränkt. Rentner und Menschen mit Behinderung zahlen 175 bzw. 225 SEK (Stand 2023):

	geöffnet	SEK **1 Tag**	SEK **2 Tage**
Vor-/Nachsaison	11–17	325	445
Hauptsaison	10–18	395	515

Übernachten

- **Kneippbyn** hat ein eigenes Hotel, Ferienhäuschen, Hütten und einen Campingplatz (Hütte für 4 Personen in der HS ab 1195 SEK), alles in Meernähe.
- Stilvoller wohnt man in **Visby** selbst. Vom Hotel bis zum B&B gibt es hier alles, auch innerhalb der Altstadtmauern.

368bu ws

14
Anhang

Inzwischen ist die Geschichte von Michel in der Suppenschüssel 60 Jahre alt und immer noch so lustig und lebendig wie damals: Glückwunsch zum Jubiläum!

Schlusswort

Nun haben wir unsere Reise auf den Spuren von Astrid Lindgren beendet, haben unterwegs viele Menschen, Landschaften und Städte kennengelernt und sind nicht zuletzt der Autorin und ihren Werken noch ein Stückchen nähergekommen. Das Abenteuer Reisen, sei es unterwegs, sei es zu Hause auf dem Sofa mit einem Buch in der Hand, macht Freude und man ist traurig, wenn es beendet ist. Das grenzenloseste aller Abenteuer aber, so hat Astrid Lindgren einmal gesagt, ist das Lesen. Und so beenden wir unser Buch mit dem Auszug aus einer Rede, die die Schriftstellerin 1958 hielt, als sie in Florenz die Hans-Christian-Andersen-Medaille in Empfang nahm:

„Ein Kind allein mit seinem Buch erschafft sich irgendwo in den geheimen Kammern der Seele Bilder, die alles andere übertreffen. Solche Bilder sind für den Menschen notwendig. An dem Tag, da die Fantasie des Kindes sie nicht mehr zu erschaffen vermag, wird die Menschheit arm. Alles Große, das in der Welt vollbracht wurde, spielt sich zuerst in der Fantasie eines Menschen ab, und wie die Welt von morgen aussehen wird, hängt zum großen Teil vom Maß der Einbildungskraft jener ab, die heute lesen lernen. Deshalb brauchen Kinder Bücher."

Kinder lesen in einem Holzbuch in den Gärten von Astrid Lindgrens Näs

369bu sp

Biografie

1907 14. November; als zweites Kind Astrid Anna Emilia Ericsson des Pfarrhofpächters Samuel August Ericsson und seiner Frau Hanna geboren; Geburtsort Näs bei Vimmerby, Småland; Geschwister Gunnar (geboren 1906), Stina (geboren 1911) und Ingegerd (geboren 1916)

1920 Umzug aus dem kleinen roten Pachthaus in ein neues, größeres (heute gelbes) Haus

1921 Erster Text in der „Wimmerby Tidning" veröffentlicht: „Auf unserem Hof"

1924 Beginn eines Volontariats bei der „Wimmerby Tidning" in Vimmerby

1926 Schwangerschaft; Beginn der Sekretärinnen-Ausbildung in Stockholm; Dezember 1926 Geburt des unehelichen Sohnes Lars in Kopenhagen; er verbringt seine ersten drei Lebensjahre bei Pflegeeltern in Dänemark

1927 Erste Stelle als Sekretärin bei der Radioabteilung der Schwedischen Buchhandelszentrale

1928 Sekretärin im Königlichen Automobilklub, wo ihr zukünftiger Mann Sture Lindgren erst als Bürovorsteher und später als Direktor tätig ist

1930 Lars zieht für ein Jahr zu den Großeltern nach Vimmerby

1931 Heirat mit Sture Lindgren; neben der Tätigkeit als Mutter freiberufliche Redakteurin für den Automobilklub

1934 Im Mai Geburt der Tochter Karin; Beginn von Veröffentlichungen von Märchen in Zeitschriften; Arbeit als freiberufliche Stenografin und Sekretärin

1937 Sekretärin bei dem Kriminalisten Harry Söderman

1940 Beginn der Kriegsdienstarbeit in der Abteilung für Briefzensur des Nachrichtendienstes

1941 Umzug der Familie Lindgren von der Vulcanusgatan in die Dalagatan 46, in der Astrid Lindgren bis zu ihrem Tod wohnen wird

Astrid Lindgren auf den Treppenstufen des Hauses, in dem sie geboren wurde (rotes Haus)

370bu vb

371bu ab

1944 Die Geschichte von Pippi Langstrumpf entsteht als Geburtstagsgeschenk für Tochter Karin; das Manuskript wird von einem Verlag abgelehnt; Gewinn des zweiten Preises in einem Wettbewerb des Verlags Rabén & Sjögren mit dem Mädchenbuch „Britt-Mari erleichtert ihr Herz“

1945 „Kerstin und ich“; Erster Preis in einem Wettbewerb des Verlags Rabén & Sjögren für „Pippi Langstrumpf“

1946 „Pippi Langstrumpf geht an Bord“, „Kalle Blomquist – Meisterdetektiv“ (Erster Preis in einem Wettbewerb des Verlags Rabén & Sjögren in der Kategorie Jugendkrimis); Beginn der Halbtagstätigkeit als Lektorin im Verlag Rabén & Sjögren. Astrid Lindgren baut dort die Kinderbuchabteilung auf. Erhält den Literaturpreis der Zeitung „Svenska Dagbladet“ für „Pippi Langstrumpf“

1947 „Wir Kinder aus Bullerbü“; Reise nach England; „Kalle Blomquist“ ist die erste Lindgren-Verfilmung

1948 „Pippi in Taka-Tuka-Land“; Reise in die USA

1949 „Mehr von uns Kindern aus Bullerbü“; der Hamburger Verleger Friedrich Oetinger und Astrid Lindgren lernen sich in Stockholm kennen; die deutsche Erstausgabe von „Pippi Langstrumpf“ erscheint im Herbst; Beginn der lebenslangen Freundschaft mit Friedrich und Heidi Oetinger und der intensiven Zusammenarbeit mit dem Oetinger Verlag

1950 „Kati in Amerika“; Nils-Holgersson-Preis für „Im Wald sind keine Räuber“

1951 „Kalle Blomquist lebt gefährlich“

1952 „Kati in Italien“, „Immer lustig in Bullerbü“; Tod des Ehemanns Sture Lindgren

1953 „Kalle Blomquist, Eva-Lotte und Rasmus“; erste offizielle Lesereise nach Deutschland

1954 „Kati in Paris“; „Mio, mein Mio“

1955 „Karlsson vom Dach“

1956 „Rasmus und der Landstreicher“; Prämie des Deutschen Jugendliteraturpreises für „Mio, mein Mio“

1957 „Rasmus, Pontus und der Schwertschlucker"

1958 „Die Kinder aus der Krachmacherstraße"; für „Rasmus und der Landstreicher" und das Gesamtwerk wird Astrid Lindgren mit dem Internationalen Jugendbuchpreis (Hans-Christian-Andersen-Medaille) ausgezeichnet

1960 „Madita"

1961 „Lotta zieht um"

1962 „Karlsson fliegt wieder"

1963 „Michel in der Suppenschüssel"; Wahl als Mitglied auf Lebenszeit in die literarische Gesellschaft „Samfundet de Nio" (Gesellschaft der Neun), einer Initiative gegen die Exklusivität der schwedischen (Nobelpreis-)Akademie

1964 „Ferien auf Saltkrokan"

1965 Schwedischer Staatspreis für Literatur für das Gesamtwerk; Kauf des Geburtshauses in Näs

1966 „Michel muss mehr Männchen machen"; erste deutsche Astrid-Lindgren-Schule (Berlin)

1967 Die Verlage Rabén & Sjögren und Friedrich Oetinger stiften zu Ehren der Autorin einen deutschen und einen schwedischen Astrid-Lindgren-Preis; Reise in die Sowjetunion

1968 „Der beste Karlsson der Welt"

1970 „Michel bringt die Welt in Ordnung"; Pensionierung

1971 Große Goldmedaille der Schwedischen Akademie für Literatur

1973 „Die Brüder Löwenherz"

1975 „Das entschwundene Land"

1976 „Madita und Pims"; mit ihrem Steuermärchen „Pomperipossa in Monismanien" trägt die Autorin dazu bei, dass die regierenden Sozialdemokraten zum ersten Mal nach 44 Jahren in die Opposition gehen müssen

1978 Als erste Kinderbuchautorin mit dem Friedenspreis des Deutschen Buchhandels ausgezeichnet; Dankesrede „Niemals Gewalt"

1981 „Ronja Räubertochter", das letzte große Werk

1985 Beginn des Engagements für den Tierschutz, gemeinsam mit der Tierärztin Kristina Forslund

1986 Tod des Sohnes Lars; Verleihung des Selma-Lagerlöf-Literaturpreises

1987 Briefwechsel mit Michail Gorbatschow zum Thema Frieden. Als erste Autorin mit dem sowjetischen Leo-Tolstoi-Preis ausgezeichnet

1988 Aufgrund ihres Engagements tritt in Schweden ein neues, verbessertes Tierschutzgesetz in Kraft

1989 Einweihung von „Astrid Lindgrens Welt" in Vimmerby

1990 „Meine Kuh will auch Spaß haben"

1992 Verleihung des International Book Award/Deutscher Videopreis

1994 Alternativer Nobelpreis (The Right Livelihood Honorary Award), verliehen im schwedischen Parlament

[<] Astrid Lindgren besuchte oft Buchhandlungen, um aus ihren Büchern zu lesen und sie zu signieren

372bu ab

1996 Einweihung von „Junibacken“ in Stockholm in Anwesenheit der Autorin und der schwedischen Königsfamilie

1997 90. Geburtstag im engsten Familienkreis; bei einer offiziellen Feier in Vimmerby übergibt Staatsminister Göran Persson eine Geldsumme von 7,5 Millionen Kronen (entspricht der Summe des Nobelpreises) für die Einrichtung des Astrid Lindgren Gården in Vimmerby; in einer Umfrage der Zeitung „Expressen“ wird die Kinderbuchautorin zur „Schwedin des Jahres in der Welt“ gekürt und erhält die Ehrenauszeichnung aus der Hand der schwedischen Kronprinzessin

1999 In einer Umfrage der Tageszeitung „Expressen“ zur beliebtesten Schwedin des Jahrhunderts gewählt

2002 28. Januar Tod im Alter von 94 Jahren in ihrer Stockholmer Wohnung

⌃ Astrid Lindgren sprach ausreichend Deutsch, um ihre Bücher auch in Deutschland vorzustellen

Glossar: Bücher, Filme und ihre Schauplätze

In diesem Glossar haben wir die Bücher Astrid Lindgrens gruppiert nach Themenkreisen zusammengestellt, chronologisch nach dem Erscheinungsjahr der schwedischen Originalausgabe des jeweils ersten Buches sortiert. Also stehen beispielsweise alle Pippi-Bücher zusammen bei 1945, auch wenn einzelne Pippi-Titel erst in den 1970ern erschienen sind. Sammelbände sind nur in Auswahl, Theaterstücke, Bilder- und Fotobücher überhaupt nicht aufgeführt. Mehr Informationen stehen auf der hervorragend gemachten, offiziellen schwedischen Homepage www.astridlindgren.com (auch auf Deutsch und mit den aktuellen Ausgaben der deutschen Titel).

Vermerkt ist jeweils der deutsche Titel mit Erscheinungsjahr (Originaltitel und -erscheinungsjahr in Klammern), dann ein Hinweis auf den Schauplatz in Schweden.

Danach folgt ggf. eine Auswahl an Verfilmungen (Regisseur) und Drehorten, insbesondere dann, wenn man dort heute noch etwas davon erleben kann. Ein Teil der Filme wurde in den Stockholmer Studios von Svensk Filmindustri im Nordwesten der Stadt gedreht. Dort gibt es zwar sonntags auch Führungen, aber nicht speziell zu Astrid Lindgren (Greta Garbos väg 3, 16940 Solna, www.filmstadenskultur.se).

Falls uns der eine oder andere interessante Schauplatz entgangen sein sollte, freuen wir uns über einen Hinweis an den Verlag.

Britt-Mari

- **Britt-Mari erleichtert ihr Herz,** 1954 (Britt-Marie lättar sitt hjärta, 1944). Schauplatz ist der fiktive Ort „Småstad“ („Kleinstadt“), der aber durchaus Züge von Vimmerby trägt.

Kerstin und ich

- **Kerstin und ich,** 1953 (Kerstin och jag, 1945). Schauplatz ist anfangs eine ungenannte Kleinstadt, dann ein fiktives Gut in Mittelschweden.

Pippi Langstrumpf

- **Pippi Langstrumpf,** 1949 (Pippi Långstrump, 1945)
- **Pippi Langstrumpf geht an Bord,** 1950 (Pippi Långstrump går ombord, 1946). Schauplatz ist jeweils eine fiktive schwedische Kleinstadt am Meer, die aber durchaus Züge von Vimmerby trägt (→ Kapitel 13 „Kneippbyn“).
- **Pippi in Taka-Tuka-Land,** 1951 (Pippi Långstrump i Söderhavet, 1948). Schauplatz ist anfangs eine Kleinstadt, dann eine fiktive Insel in der Südsee.
- **Ur-Pippi,** 2007 (Ur-Pippi, 2007). Zusätzlich gibt es zu Pippi Langstrumpf zahlreiche Bilderbücher, einen Sammelband „Pippi Langstrumpf“, Theaterstücke und Lieder.

Filme

- **Pippi Langstrumpf** (1949, Per Gunvall). Dieser Film entfernte sich so weit vom Originalmanuskript, dass Astrid Lindgren beschloss, zukünftig an allen Filmen mitzuarbeiten.
- **Pippi Langstrumpf** (1969), **Pippi geht von Bord** (1969), **Pippi in Taka-Tuka-Land** (1970),

Pippi außer Rand und Band (1970), **Hier kommt Pippi Langstrumpf** (1973). Regie alle Olle Hellbom, Drehorte u.a. in Visby und vielen anderen Orten auf Gotland (→ Kapitel 13 „Kneippbyn"), aber auch in der Festung Vaxholm im Schärengarten vor Stockholm.

Kalle Blomquist

- **Kalle Blomquist – Meisterdetektiv,** 1950 (Mästerdetektiven Blomkvist, 1946)
- **Kalle Blomquist lebt gefährlich,** 1951 (Mästerdetektiven Blomkvist lever farligt, 1951)
- **Kalle Blomquist, Eva-Lotta und Rasmus,** 1954 (Kalle Blomkvist och Rasmus, 1953). Schauplatz ist die fiktive Kleinstadt Kleinköping, auch hier sind die Bezüge zu Vimmerby deutlich (→ Kapitel 3 „Vimmerby").
- Zusätzlich gibt es zu Kalle Blomquist einen **Sammelband** „Kalle Blomquist" und ein **Theaterstück.**

Filme

- **Meisterdetektiv Blomquist** (1947, Rolf Husberg), Verfilmung von Bd. 1
- **Kalle Blomquist lebt gefährlich** (1953, Rolf Husberg), Bd. 3, die Husberg-Filme wurden in und um Sala, Västmanland, eingespielt.
- **Kalle Blomquist – sein schwerster Fall** (1957, Olle Hellbom), Bd. 2, gedreht in Trosa und dem benachbarten Andervik in Södermannland
- **Kalle Blomquist lebt gefährlich** (1996, Göran Carmback), Bd. 2
- **Kalle Blomquist: sein neuester Fall** (1997, Göran Carmback), Bd. 3, die Carmback-Filme wurden u.a. in Norrtälje gedreht.

Bullerbü

- **Wir Kinder aus Bullerbü,** 1954 (Alla vi barn i Bullerbyn, 1947)
- **Mehr von uns Kindern aus Bullerbü,** 1955 (Mera om oss barn i Bullerbyn, 1949)
- **Immer lustig in Bullerbü,** 1956 (Bara roligt i Bullerbyn, 1952). Schauplatz ist ein winziges Dorf in Småland, das ganz eindeutig Züge von Sevedstorp trägt (→ Kapitel 5 „Sevedstorp").

373bu ws

Pippi Langstrumpf, hier nicht als Film, sondern in Junibacken als brillantes Kindertheater umgesetzt

- Zusätzlich gibt es zu Bullerbü drei **Bilderbücher** und einen **Sammelband** „Die Kinder aus Bullerbü".

Filme

- **Ein Wiedersehen auf Bullerbü** (1960), **Die Kinder von Bullerbü** (1961, beide Olle Hellbom). Außenaufnahmen auf Väddö/Roslagen, nördlich von Norrtälje; dort ist aber heute so gut wie nichts mehr zu sehen.
- **Wir Kinder aus Bullerbü** (1986), **Neues von uns Kindern aus Bullerbü** (1987, beide Lasse Hallström). Diese Filme wurden in Sevedstorp gedreht (→ Kapitel 5 „Sevedstorp"). Die Szene beim Kaufmann wurde in Lunds By, einem sehr hübschen Ort zwischen Vimmerby und Västervik, gedreht.

Im Wald sind keine Räuber

- **Im Wald sind keine Räuber,** 1952 (Nils Karlsson-Pyssling, 1949). Sammlung kürzerer Geschichten, später teilweise auch in dem Band „Märchen" und als Bilderbücher veröffentlicht. Eine Geschichte daraus, „Peter und Petra", spielt im Vasapark, eine andere, „Im Land der Dämmerung", in der gesamten Stockholmer Innenstadt (→ Kapitel 10 „Stockholm"). Letztere Geschichte gibt es auch als schönes Bilderbuch mit Illustrationen von Marit Törnqvist.

Filme (Auswahl)

- **Nils Karlsson-Däumling** (1990, Staffan Götestam)
- **Peter und Petra** (1989, Agneta Elers-Jarlemann)

Sammelaugust

- **Sammelaugust und andere Kinder,** 1952 (Kajsa Kavat och andra barn, 1950), eine weitere Geschichtensammlung, unter anderem mit Kajsa Kavat, die auf Deutsch Polly Patent genannt wird, und der Geschichte von Stig und Albin, die sich einen Wettkampf liefern, wer vom höchsten Dach springen kann.

Film

- **Polly hilft der Großmutter** (1988, Daniel Bergmann)

Kati

- **Kati in Amerika,** 1952 (Kati i Amerika, 1950)
- **Kati in Italien,** 1953 (Kati på Kaptensgatan, 1952 im Bonniers Bokförlag und 1971 unter dem Titel „Kati i Italien" bei Rabén & Sjögren)
- **Kati in Paris,** 1954 (Kati i Paris, 1954). In den Kati-Bänden sind alle Schauplätze real, in Stockholm ist Katis Wohnung in der Kaptensgatan, Östermalm, ihre Arbeitsstelle in der Kungsgatan, Norrmalm (→ Kapitel 10 „Stockholm").

Mio, mein Mio

- **Mio, mein Mio,** 1955 (Mio, min Mio, 1954). Die Haupthandlung hat keinen realen Schauplatz, die Rahmenhandlung spielt in Stockholm: Bosse wohnt in der Upplandsgatan 13, er begegnet im Tegnérpark dem Geist aus der Flasche (→ Kapitel 10 „Stockholm").

Film

- **Mio, mein Mio** (1987, Vladimir Grammatikov). Gedreht in Russland, aber auch beim Eilean Donan Castle in Schottland und zu Beginn des Films in Stockholm

Karlsson

- **Karlsson vom Dach,** 1956 (Lillebror och Karlsson på taket, 1955)
- **Karlsson fliegt wieder,** 1963 (Karlsson på taket flyger igen, 1962)

374bu ws

Der beste Karlsson der Welt, 1968 (Karlsson på taket smyger igen, 1968). Karlsson spielt im Vasaviertel in Stockholm, eine genaue Adresse gibt es nicht (→ Kapitel 10 „Stockholm“).

Zusätzlich gibt es einen Sammelband „Karlsson vom Dach“.

Filme

Karlsson auf dem Dach (1974, Olle Hellbom). Wurde überwiegend im Studio gedreht, es gibt aber auch Szenen im Tegnérpark und auf dem Dach des Zentralbades in Stockholm.

Karlsson vom Dach (2002, Vibeke Idsøe), Zeichentrickfilm mit Bildern nach Ilon Wikland

Rasmus und der Landstreicher

Rasmus und der Landstreicher, 1957 (Rasmus på luffen, 1956). Die Schauplätze des Buches sind irgendwo in Südschweden, aber nicht genau lokalisierbar.

Filme

Rasmus und der Vagabund (1955, Rolf Husberg)

Rasmus und der Vagabund (1981, Olle Hellbom), teilweise in Linköping gedreht

Rasmus, Pontus und der Schwertschlucker

Rasmus, Pontus und der Schwertschlucker, 1958 (Rasmus, Pontus och Toker, 1957). Schauplatz ist die Kleinstadt Västanvik. Es gibt zwar in Schweden mehrere Orte dieses Namens, trotzdem scheint dieses Västanvik im Buch eher fiktiv zu sein.

Eine Familie hat sich gefunden: Der Landstreicher Oskar, der Waisenjunge Rasmus und Oskars Frau Martina

Film

Kalle und das geheimnisvolle Karussell (1956, Stig Olin). Der Film ist die Schwertschluckergeschichte, auch wenn der deutsche Titel auf Kalle verweist. Er wurde überwiegend im Studio gedreht, einige Außenszenen spielen in Mariefred.

Krachmacherstraße

Die Kinder aus der Krachmacherstraße, 1957 (Barnen på Bråkmakargatan, 1958)

Lotta zieht um, 1962 (Lotta på Bråkmakargatan, 1961)

Zusätzlich sind zu Lotta drei **Bilderbücher** erschienen.

Filme

Lotta aus der Krachmacherstraße (1992, Johanna Hald)

Lotta zieht um (1993, Johanna Hald). Diese Filme, die auch für jüngere Kinder gut geeignet sind, wurden zum großen Teil in Astrid Lindgrens Welt gedreht (→ Kapitel 4 „Astrid Lindgrens Welt").

Klingt meine Linde

Klingt meine Linde, 1960 (Sunnanäng, 1959). Eine Sammlung von vier eher traurigen Geschichten, ohne reale Schauplätze

Madita

Madita, 1961 (Madicken, 1960)

Madita und Pims, 1976 (Madicken och Junibackens Pims, 1976). Der Schauplatz Birkenlund (schwed. Junibacken) ist ein Anwesen am Rande einer Stadt, die Züge von Vimmerby trägt. Das Museum Junibacken in Stockholm ist danach benannt (→ Kapitel 11 „Junibacken").

Zusätzlich gibt es zu Madita einige **kleinere Bücher, Bilderbücher** und einen **Sammelband** „Madita".

Filme

Madita (1979, Du är inte klok, Madicken) und **Madita und Pim** (1980, Madicken på Junibacken, beide Göran Graffman). Die Außenaufnahmen wurden zum Großteil in Söderköping gedreht (→ Kapitel 9 „Söderköping"), andere Szenen in Uppland und Gästriksland.

Michel

Michel in der Suppenschüssel, 1964 (Emil i Lönneberga, 1963)

Michel muss mehr Männchen machen, 1966 (Nya hyss av Emil i Lönneberga, 1966)

Michel bringt die Welt in Ordnung, 1970 (Än lever Emil i Lönneberga, 1970). Die Orte aus den Michel-Büchern sind alle wiederzufinden, die Schauplätze nur zum Teil: Vimmerby (Jahrmarkt und Rindermarkt), Mariannelund (Arzt), Hultsfred (Festwiese) und Lönneberga (→ Kapitel 3 „Vimmerby" und Kapitel 6 „Katthult").

Zu Michel gibt es zusätzlich einige **kleinere Bücher,** außerdem **Bilderbücher** und den **Sammelband** „Immer dieser Michel".

Filme

Michel in der Suppenschüssel (1971), **Michel muß mehr Männchen machen** (1972), **Michel bringt die Welt in Ordnung** (1973, alle Olle Hellbom). Ein Großteil der Filme wurde auf dem Hof Katthult in Gibberyd, Rumskulla, gedreht, viele Einzelszenen in und um Mariannelund (→ Kapitel 6 „Katthult" und Kapitel 7 „Filmmuseum").

Michel & Ida aus Lönneberga (2013), Zeichentrickfilm nach Björn Bergs Bildern von Per Åhlin

Saltkrokan

Ferien auf Saltkrokan, 1965 (Vi på Saltkråkan, 1964)

Jule und die Seeräuber, 1968 (Skrållan och sjörövarna, 1967, Fotobilderbuch nach dem Film). Die Insel Saltkrokan existiert nicht in Wirklichkeit, aber einige wenige reale Orte, die im Buch genannt werden (Söderöra, Furusund, Rödlöga), machen deutlich, dass das Buch in den Schären nördlich von Stockholm spielt, ungefähr dort, wo zuvor schon die Filme gedreht wurden.

Filme

Der verwunschene Prinz (Tjorven, Båtsman och Moses, II, 1964)

Das Trollkind (Tjorven och Skrållan, III, 1965)

Die Seeräuber (Tjorven och Mysak, IV, 1966, auch auf den Ålandinseln gedreht)

Glückliche Heimkehr (Skrållan, Ruskprick och Knorrhane, V, 1967)

Ferien auf Saltkrokan (Vi på Saltkrokan, I, 1968 als Kinofilm, 1964 bereits als Fernsehserie). Die Außenaufnahmen für den Großteil der Filme (Regie alle Olle Hellbom) wurden auf den Schäreninseln Norröra, Söderöra und Rödlöga gedreht (→ Kapitel 12 „Schären“).

Brüder Löwenherz

Die Brüder Löwenherz, 1974 (Bröderna Lejonhjärta). Bis auf die ersten Szenen in einer realen Stadt spielt das ganze Buch in einer Fantasiewelt, auch wenn sich Astrid Lindgren Anregungen aus der schwedischen Natur geholt hat, etwa vom värmländischen See Fryken.

Film

Die Brüder Löwenherz (1977, Olle Hellbom). Die Außenaufnahmen sind größtenteils in Århus und Odense in Dänemark, auf Island und in Schonen entstanden.

Das entschwundene Land

Das entschwundene Land, 1977 (Samuel August från Sevedstorp och Hanna i Hult, 1975). Neben der Liebesgeschichte ihrer Eltern schreibt Astrid Lindgren hier auch über ihre Kindheit und über eine weitere Liebesgeschichte aus dem Deutschland des 18. Jahrhunderts. Da dieses Buch (auto-)biografisch ist, sind natürlich auch die Schauplätze real (→ Kapitel 2 „Samuel August“ und Kapitel 3 „Vimmerby“).

Ronja

Ronja Räubertochter, 1982 (Ronja Rövardotter, 1981). „Ronja“ spielt in einem Fantasiewald.

Filme

Ronja Räubertochter (Tage Danielsson, 1984). Die meisten Außenaufnahmen wurden in Dalsland gemacht (→ Kapitel 8 „Darsland“), die Szenen an Fluss und Wasserfall wurden in Jämtland gedreht, die Geschichte mit den Rumpelwichten auf der Insel Hallands Väderö an der Westküste.

Die Außenaufnahmen der **neuen Serie** von 2023 sollen laut Pressemitteilung spektakuläre schwedische Natur zeigen, bisher sind aber nur die Festungsruine Bohus in Kungsälv und das Naturschutzgebiet Sveafallen bei Örebro als Drehort bekannt.

Assar Bubbla

Der Räuber Assar Bubbla, 1989 (Assar Bubbla 1987). Es geht um einen Räuber in Stockholm, durch dessen Verschulden beinahe das Pippi-Buch nicht veröffentlicht worden wäre. Glücklicherweise hilft die Hauptfigur selbst bei der Rettung des Manuskripts.

Meine Kuh will auch Spaß haben

- **Meine Kuh will auch Spaß haben,** 1990 (Min ko vill ha roligt, 1990). Zusammen mit der Tierärztin Kristina Forslund schreibt Astrid Lindgren über die Tierhaltung und bewirkt damit ein besseres Tierschutzgesetz.

Kriegstagebücher

- **Kriegstagebücher,** 2015 (Krigsdagböcker, 2015). Postume Veröffentlichung der 17 Tagebücher, die Astrid Lindgren zwischen 1939 und 1945 schrieb.

Bücher über Astrid Lindgren

Wer sich mehr über das Leben der Autorin informieren möchte, dem sei eine kleine Auswahl an Büchern empfohlen:

- Margareta Strömstedt: **Astrid Lindgren. Ein Lebensbild** (Oetinger, 1977), umfassende, gute Biografie für Erwachsene
- Astrid Lindgren, Margareta Strömstedt: **Mein Småland** (Oetinger, 1988), Bildbiografie über die Orte ihrer Kindheit
- Lena Törnqvist: **Astrid aus Vimmerby** (Oetinger, 1998), kleiner, hervorragender Bildband, nur antiquarisch
- Petter Karlsson/Johan Erséus: **Von Pippi, Michel, Karlsson & Co. Astrid Lindgrens Filmwelt** (Oetinger, 2006), alles über die Filme mit vielen Fotos und Anekdoten, nur antiquarisch
- Jakob Forsell/Johan Erséus/Margareta Strömstedt: **Astrid Lindgren. Bilder ihres Lebens** (Oetinger 2007), opulenter Bildband
- **Hej, Pippi Langstrumpf! Das große Astrid-Lindgren-Liederbuch** (Oetinger 2007), schön bebilderte Liedauswahl.
- Jens Andersen: **Astrid Lindgren. Ihr Leben** (DVA), das Standardwerk von 2015 (auf Schwedisch „Denna dagen ett liv")
- Astrid Lindgren, Louise Hartung: **Ich habe auch gelebt! Briefe einer Freundschaft** (Ullstein 2016), spannender Briefwechsel aus der schwedischen und deutschen Nachkriegszeit
- Pernille Fischer Christensen (Regie): **Astrid** (Spielfilm, 2018). Hier wird die Geschichte der jungen Astrid erzählt. Der Focus liegt auf ihrer Beziehung zu ihrem Chef bei der Zeitung von Vimmerby und ihrer Schwangerschaft. Für einen biografischen Film, so finden wir, ist der Umgang mit den Fakten großzügig, um nicht zu sagen fahrlässig. Astrid Lindgrens Tochter Karin Nyman, sonst eher zurückhaltend, hat sich zu diesem Film ausgesprochen kritisch geäußert.
- Kjell Bohlund: Die unbekannte Astrid Lindgren (Oetinger 2021), Lindgren als Kinderbuchverlegerin

Register

A

B

C

D

E

F

G

H

I

J

K

L

M

N

O

P

R

S

T

U

V

W

Törnros – Heckenrosen in Svedestorp

375bu ws

Kleiner Astrid-Lindgren-Wortschatz

Allsång – gemeinsames Singen
Annars är man ingen människa utan bara en liten lort – Sonst ist man kein Mensch, sondern nur ein Häuflein Dreck (Brüder Löwenherz)
Att fika – Kaffee trinken (meist mit Gebäck)
Att leka – spielen
Barndomens glada streck, oskyldiga lekar – Der Kindheit glückliche und unschuldige Spiele (Kalle Blomquist)
Bubblande livsglädje – übersprudelnde Lebensfreude
Cycel (att cycla) – Fahrrad (radfahren)
Denna Dagen ett liv – Dieser Tag ein Leben (Saltkrokan)
Det är rena rutinarbetet – Reine Routinesache (Kalle Blomquist)
Det bara blidde så – Es kommte bloß so (Saltkrokan)
Du är inte klok, Madicken – Du bist bestimmt verdreht, Madita
Du har inte den rätta knycken, farbror Melker – Du hast nicht den richtigen Ruck, Herr Melcher (Saltkrokan)
En vacker och genomklok och lagom tjock man in mina bästa år – Ein schöner und grundgescheiter und gerade richtig dicker Mann in meinen besten Jahren (Karlsson)
Ett Barn – ein Kind
Falukorv av allra bästa slag – Ein Ring Bratwurst von der besten (Bullerbü)
Far åt pipsvängen – Fahr zum Donnerdrummel (Ronja)
Flätor – Zöpfe
Förgrömmade unge – verflixter Lausebengel (Michel)
Fräcknar – Sommersprossen
Fri som en fågel – frei wie ein Vogel (singen Rasmus und der Landstreicher Oskar)
Frihet och trygghet – Freiheit und Geborgenheit
Hyss – Unfug (Michel)
I smyg – heimlich (Lotta kann alles – i smyg)
Inte-stöta-marken-banan – Nicht-den-Boden-berühren-Parcours (*banan* – Bahn)
Kohagen – Kuhweide
Köttbullar med lingon och potatismus – Fleischklößchen mit Preiselbeeren und Kartoffelbrei
Lördagsgodis – Süßigkeiten am Samstag
Lugn, bara lugn! – Immer mit der Ruhe! (Karlsson)
Pannkaka (pannkakor) – Pfannkuchen
Pilutta – Ätsch Pustekuchen (Madita)
Polkargrisar – Zuckerstangen
Roligt – lustig
Saga/sagor – Märchen
Sångstund – Liederstunde
Sicken blås – Kickse-kickse-hu (Michel)
Smultron – Walderdbeere
Sockerdrycksträd – Limonadenbaum
Spelar ingen roll i Skymningslandet – Spielt keine Rolle im Land der Dämmerung
Törnros – Heckenrose
Trasmatta – Flickenteppich
Våffla (våfflor) – Waffel, Waffeln
Varför bada du alltid med kläderna på? – Weshalb badest du immer mit allen deinen Sachen an? (Saltkrokan)
Vargsång – Wolfslied (Ronja)
Vårskrik – Frühlingsschrei (Ronja)
Vuxen/vuxna – Erwachsener/Erwachsene

376bu ws

377bu sc

Die Autoren

Bei ihrer ersten Schwedenreise entdeckten Sabine und Wolfram Schwieder, dass es Spaß macht, gemeinsam Bücher zu schreiben. Zunächst ging es um eine Spurensuche zu Selma Lagerlöfs Nils Holgersson, die die beiden kreuz und quer durch das Land führte.

Weil die beiden Töchter zu der Zeit im Astrid-Lindgren-Lesealter waren, kam schnell die Frage auf: „Was kann man in Schweden eigentlich von all dem erleben, was in den Büchern so schön beschrieben ist?" Und so machte sich die Familie fünf Jahre lang jeden Sommer ein- oder zweimal zur gemeinsamen Recherchereise auf.

Seitdem arbeitet das Autorenpaar regelmäßig daran, alle Veränderungen zu registrieren und neue Ziele ausfindig zu machen.

Sabine, Jahrgang 1961, arbeitet nach ihrem Studium der Germanistik, Geschichte und Theaterwissenschaft als Journalistin und freie Autorin. Sie wurde 1993 mit dem Theodor-Wolff-Preis ausgezeichnet.

Wolfram, Jahrgang 1963, arbeitet nach seinem Studium der Germanistik, Geografie und Skandinavistik im Hauptberuf als Redakteur in einem Reisebuchverlag. Im Reise Know-How Verlag ist von ihm auch das Buch „Orientierung mit Karte, Kompass und GPS" erschienen.

Schreiben Sie uns!

Wir hoffen, dass Ihnen dieser Reiseführer gefällt und er Ihnen ein guter Begleiter auf einer außergewöhnlichen und spannenden Reise ist.

Weil ein Reiseführer von Erfahrungen lebt, sind wir an Ihren Erlebnissen interessiert: Haben Sie in unserem Buch ein Restaurant entdeckt, das es nicht mehr gibt, eine Sehenswürdigkeit, die wir noch nicht aufgeführt haben, oder eine falsche Adresse? Dann schreiben Sie uns! **Wir nehmen jeden Hinweis und jede Kritik ernst und arbeiten kontinuierlich daran, die Bücher aktuell zu halten und immer weiter zu verbessern.** Jede Mail wird gelesen und beantwortet. Auch wenn wir nicht jeden Wunsch erfüllen können, machen wir uns immer Gedanken über Ihre Anmerkungen.

Schreiben Sie uns:
per Mail an info@reise-know-how.de oder an
Reise Know-How Verlag Peter Rump GmbH, Postfach 140666, 33626 Bielefeld

Wenn sich Ihre Infos direkt auf das Buch beziehen, würde uns die Angabe der Seitenzahl und der Auflagenzahl bzw. des Erscheinungsjahres Ihrer Ausgabe die Arbeit sehr erleichtern. Besonders hilfreiche Beiträge und Ergänzungen zu den Büchern belohnen wir mit einem Sprachführer Ihrer Wahl aus der über 240 Bände umfassenden „Kauderwelsch"-Reihe.

Herzlichen Dank und gute Reisen
Ihr Reise Know-How Verlag

Liebe Leserin, lieber Leser,

ein unabhängiger Verlag für unabhängig Reisende – das sind wir, der Reise Know-How Verlag aus Bielefeld, eines der letzten Familienunternehmen in der Branche. Obwohl wir zu den größten Reiseführerverlagen Deutschlands gehören, ist der familiäre Umgang miteinander in allen Bereichen des Verlagslebens zu spüren: In der Geschäftsführung in zweiter Generation, in einer wertschätzenden Arbeitsatmosphäre, in der Nähe zu unseren frei arbeitenden Autorinnen und Autoren, im engen Austausch mit unseren Leserinnen und Lesern – und auch in der Zusammenarbeit mit Druckereien in Deutschland, in denen wir ausschließlich und regional unsere Bücher produzieren. Die sollen schließlich erst mit Ihnen auf große Reise gehen.

Alles, was wir in unsere Bücher und Landkarten stecken, soll Ihnen eines ermöglichen: Auf Ihre ganz eigene, individuelle Weise die Welt zu entdecken. Wir wünschen Ihnen viel Freude und unvergessliche Erlebnisse mit diesem Reiseführer.

Es grüßen herzlich
Peter Rump & Wayan Rump